Ingrid Riedel
Formen

Der Mensch kommt offenbar immer dann auf solche Symbole,
wenn es für ihn um das Ganze geht.
Diesem Ganzen werden dann alle Einzelheiten – auch die
sonst im Alltagsleben einander widersprechenden – zugeordnet,
so dass Gefühl und Auge davon überzeugt werden,
dass es eben doch ein Umfassendes und eine Mitte gibt,
in denen das Widersprüchliche und
Auseinanderstrebende zusammenfinden.

Ingrid Riedel

Formen

Tiefenpsychologische Deutung von Kreis, Kreuz, Dreieck, Quadrat, Spirale und Mandala

Kreuz

Inhalt

Einleitung

Der *Kreis* verheißt Weite und Geborgenheit zugleich: Er verlockt dazu, umwandert und durchwandert zu werden. Von außen nach innen durchschritten, gibt er Konzentration, lässt eine Mitte finden. Von innen nach außen durchmessen, erschließt er immer größere Weiten des Raumes, bildet konzentrische Kreise, wird zuletzt Bild für den Kosmos. Der Kreis bedeutet Umfangen-Sein.

Das *Quadrat* in seiner Kantigkeit steht für den Lebensbereich, den ich mir ausbaue im Hier und Jetzt: Es lädt dazu ein, sich niederzulassen, umschließt das Feld, den Grundriss eines Hauses, es bedeutet: Eingegrenzt-, Umgrenzt-Sein.

Das *Dreieck* ist die Figur der miteinander verbundenen Spannungen, aber auch der Fähigkeit zur Balance von Kräften, die in der anderen Figuration vielleicht zu zerreißen drohten. Das Dreieck heißt: Bezogen-Sein.

In der *Spirale,* der freiesten unter den Grundfiguren, entfaltet sich Leben, geschieht Entwicklung, Dynamik, rollt sich ein Schicksal auf und faltet sich wieder ein. Die Spirale besagt: Über-sich-hinaus-Sein.

Im Zeichen des *Kreuzes* fallen Entscheidungen, treffen sich Kraftfelder wie die Himmelsrichtungen: Nord und Süd, West und Ost, aber auch Oben und Unten, Rechts und Links. Das Kreuz bezeichnet unseren Standort im Spannungsfeld der Kräfte, bedeutet Durchstehen, Durchtragen der komplexen Realität, Ganzwerden im Standhalten, Ausgespannt-Sein zwischen vertikalen und horizontalen Richtungen.

Grundformen des Lebens sind Kreis und Kreuz, Dreieck, Quadrat und Spirale: Einstellungen zum Leben als Ganzem spiegeln sich in ihnen, Lebensweisen, Lebensstile.

Zeichnen wir das Kreuz, so erleben wir Gegensätze, Spannungen, die wir durch dieses Zeichen zusammenbringen wollen, denen wir standzuhalten suchen: Das Kreuz ist ein uraltes Zeichen für Orientierung im Widerstreit der Kräfte, der Gefühle und der Anforderungen.

Zeichnen wir den Kreis, so umfassen wir das in ihm Enthaltene: Wir gestalten etwas Umgreifendes, das das in ihm Enthaltene birgt und schützt, es aber zugleich in einen größeren Zusammenhang stellt, in eine größere Weite.

Beim Gestalten eines Dreiecks geraten wir selber in das Spannungsfeld zwischen den Polen: finden uns in der Zerreißprobe wieder, die jede Dreierbeziehung bedeutet, erkennen das Dreieck aber auch als eine Figur, die aus Spannungen Balance, aus gegenpoligen Zuordnungen ein besonderes variables Kraftfeld aufbaut.

Die Spirale wird oft gezeichnet, um innere Spannungen dynamisch und schöpferisch zu entladen, sie in eine Entwicklungskurve überzuleiten, die sich immer weiter und freier aufrollt und entfaltet.

Das Quadrat malen wir, um einen eigenen Raum abzustecken und auszugrenzen, in dem wir uns verwirklichen können.

Geht es uns schließlich darum – vielleicht nach einer großen inneren Erschütterung –, das Ganze wieder zu erfassen, das auch die unterschiedlichen Einstellungen zum Leben umgreift, dann können wir eine Figuration gestalten, die Kreis und Kreuz, Dreieck und Quadrat miteinander kombiniert und womöglich sogar die Spirale noch einbezieht. Eine solche Figuration aber gleicht den überlieferten Symbolen für das Weltganze und die Seelenganzheit, die man im fernen Osten »Mandala« nennt. Diese Bezeichnung für solche Ganzheitsbilder hat sich auch bei uns eingebürgert. Die Wortbedeutung geht von der konkreten Mandel als dem Kern eines Ganzen aus und reicht bis in den spirituellen Bereich, wo in der Mandorla oder dem Mandala das göttliche Ganze in nuce in Erscheinung tritt.

Diese Grundformen erscheinen sowohl in den Feldern der alten, ursprünglich magisch-mantischen Schicksalsspiele, die wir zum Teil heute noch kennen, wie »Die Reise nach Jerusalem« oder »Himmel und Hölle«, welche die Rhythmen der Jahreszeiten und unserer Lebensreise darstellen, wie auch in rituellen Tanzformen, dem Kranichtanz der Kreter, dem Ostertanz der Christen und dem kosmischen Reigen der Sufis.

Eindrucksvoll stellen sie sich in den Bauformen dar, die jeweils eine Kultur oder Religion charakterisieren. Der Kreis gibt den steinernen Rundbauten der Jungsteinzeit ihren Ausdruck, aber auch den gewaltigen Kuppelbauten der Christen und der Moslems, der Hagia Sophia in Konstantinopel (Istanbul) oder dem Felsendom in Jerusalem.

Das Kreuz bildet die Grundgestalt für Kirchengebäude der westlichen Christenheit mit dem Längsschiff, das auf den Altar hin durchschritten wird, über die Vierung hinweg, in der das Querschiff das Längsschiff kreuzt.

Die ursprünglichste Form unter allen, die Spirale, auch am nächsten den natürlichen Wachstumsformen von der Schnecke bis zum Embryo, hat sich in den Kultstätten niedergeschlagen, die wohl zu den frühesten der Menschheit gehören: in den Labyrinthen der Megalith-Zeit. Zugleich gilt sie als Symbol der Evolution, als Symbol eines neuen kosmisch-menschheitlichen Bewusstseins, das in die Zukunft weist.

Das Mandala schließlich bildet eine ganze Tempelanlage ab, wie sie im indisch-tibetischen Raum um ein rundes Zentrum herum quadratisch angelegt und von Außenbegrenzungen mit vier Eingangstoren umgeben ist.

Diesen Spielarten der Grundformen, den symbolischen Bauten und den rituellen Tänzen, den Gestaltungen früher Orakelplätze wie den Meditationsbildern der frühen und der heutigen Menschen, denen Kreis und Kreuz, Dreieck, Quadrat und Spirale zugrunde liegen, will ich mich in diesem Buch zuwenden; zugleich möchte ich sie in ihrer besonderen Bedeutsamkeit auch in der Kunst der Moderne sowie in den spontan gemalten Bildern aus dem Unbewussten, in Träumen und Imaginationen aufzuweisen suchen, wie sie bei den Teilnehmern meditativer und kreativer Kurse sowie bei Analysanden in der Psychotherapie entstehen. Orientierungsmöglichkeiten über unser Dasein in der Welt und über unsere Beziehung zu uns selbst und den Mitmenschen sind sie hier wie dort.

Spielerisch- ernsthaft mit diesen Figuren umzugehen und dabei zum Mitgestalten einzuladen ist die Intention dieses Buches. Es will kein Lexikon sein. Es ist ein Buch zum Mit-Denken, Mit-Sinnen und Mit-Imaginieren. Schon bei seiner Entstehung haben etliche Menschen ihre Einfälle, ihre Träume und Bilder beigesteuert. Ihnen sei an dieser Stelle herzlich gedankt.

Es wäre reizvoll, die Hypothese zu bedenken, ob sich die Grundformen Kreis und Kreuz, Quadrat und Spirale nicht auch charakteristischen Strukturen der Menschen zuordnen ließen, wie sie etwa von Fritz Riemann in seiner Studie »Grundformen der Angst« entwickelt wurden. So wäre zum Beispiel das Quadrat dem zwanghaft Strukturierten zuzuordnen mit seiner Angst vor Strukturlosigkeit und Chaos; die Spirale dagegen dem Hysteriker mit seinen Befürchtungen, festgelegt und eingeengt zu werden. Der Kreis entspräche dem Depressiven, der vor allem unter Abgrenzungsschwierigkeiten, Isolierung und Ungeborgenheit leidet; das Kreuz dem Schizoiden, der die Spaltungen in der Welt

Pfingstbild in Mandala-Form, Westfälischer Meister um 1380
Thema ist das Gemeinschaftstiftende des Kreises, das von dem kleinen weißen Rund der Hostie in der Mitte des Jüngerkreises an der runden Tafel ausgeht.

und in sich selbst besonders sensibel und schmerzhaft erlebt und der nichts mehr fürchtet als vorschnelle Harmonisierung und jedes Vereinnahmtwerden von einem Menschen oder einer Gruppe. Zugleich wäre das jeweils zugeordnete Zeichen auch das heilsame, das heilende Zeichen: Der Kreis gibt dem Depressiven das bergende Umfangensein; das Kreuz dem Schizoiden das Ausgespanntsein ins Offene; das Quadrat dem Zwanghaften eine Eingrenzung; die Spirale dem Hysterischen das ersehnte Über-sich-Hinausgehen. Miteinander verbunden und zum Mandala gestaltet spiegeln die kombinierten Grundformen das Bedürfnis wider, über den einseitigen Einstellungsmodus, dem wir zunächst verhaftet sind, hinauszugehen und uns einer umfassenderen Orientierung zuzuwenden, die auch eine heilende Wirkung hat.

Grundformen, in denen sich unser Sein in seinen Ängsten und Erfüllungsmöglichkeiten spiegelt, sind diese elementaren geometrischen Figuren.

Nelly Sachs, vom Geschick ihres jüdischen Volkes gezeichnet, erfuhr es als Schreibende:

> »Die gekrümmte Linie des Leidens
> nachtastend die göttlich entzündete Geometrie
> des Weltalls
> immer auf der Leuchtspur zu dir.«

Nelly Sachs, Fahrt ins Staublose

Das Quadrat – das Umgrenzt-Sein

Zur Einstimmung
Felder über der Asche

Auf der Vulkaninsel Lanzarote, einer Insel fast ohne Grundwasser, fast ohne Regen, zu zwei Dritteln von Lava bedeckt – sechs Jahre lang spien die Feuerberge, die Montanas del Fuego, rot glühendes Magma aus –, dort springen sie in die Augen wie ein Wunder: die kleinen quadratischen und rechteckigen Felder, mit Steinwällen sorgsam umgeben, durch Steinmännchen oder Kreuze magisch geschützt und mit schwarzer Lava-Asche bestreut, die, wie man herausfand, den Tau zu speichern vermag. Diese Felder und Gärten, jetzt übervoll von Tomaten, von Zwiebeln, ja von Weinreben, sind der Lavawüste abgerungen. Sie lassen ermessen, was es heißt, einige Quadratmeter fruchtbaren Landes zu schaffen, ein Geviert auszugrenzen aus der Unwirtlichkeit und der Zerstörung, um als Mensch hier zu leben, auf diesem eingefriedeten Stückchen Erde, das urbar gemacht ist. Auch wenn man nach wie vor auf der ganzen Insel den heißen Atem der vulkanischen Erde spüren kann.

Das Stück Erde

Ein winziges Stückchen Erde, rechteckig wie mit dem Spaten abgestochen, malt eine zweiundfünfzigjährige Frau in die Mitte ihres Bildbogens, der weit mehr Raum umfasst, den sie aber leer lässt: Das Stück Erde ist ihres. Es ist nicht im Grundriss, sondern im Querschnitt dargestellt, so dass wir die Erdoberfläche und einige Erdschichten darunter, ein Stück aus der Tiefe der Erde, sehen. Durch sie hindurch schlägt ein winziges grünes Ährenpflänzchen seine Wurzeln und durchbricht die Erdoberfläche. Viel offener Raum, weites, von der Malerin noch nicht

bestelltes Land ist um dieses kleine Stück Erde. Sie füllt den von ihr selbst gewählten Rahmen noch nicht ganz aus, aber sie vermittelt die Empfindung, wie viel freier Raum um sie, um ihre Pflanze und um ihre Erde ist.

Das Stück Erde

Das Quadrat als Gestalt

Das Quadrat mit seinen vier rechten Winkeln, seinem Gleichmaß in Länge und Breite bildet eine ruhende, statische, adynamische Figur.

Es ist begrenzt im Gegensatz zu allem Unbegrenzten, Freien, wirkt als ein abgestecktes Feld. Feld, Grundriss, Platz sind denn auch die häufigsten Assoziationen zum Quadrat. Es wird ursprünglich in die Erde eingeritzt und hat auch symbolischen Bezug zur Erde, zu ihrer Ruhe, Schwere und Härte.

Es hat Beziehung zu den vier Himmelsrichtungen, überhaupt zu der Zahl Vier. Wenn wir es umschreiten, müssen wir viermal die Richtung wechseln, an den vier Ecken sind die sehr markanten Wendepunkte um jeweils 90 Grad mitzuvollziehen.

Das Quadrat hat viel damit zu tun, wie der Mensch die Erde in Besitz nimmt: mit Landvermessungen, Absteckungen, Rodungen und Aushebungen des Grundes.

Das Quadrat in seiner Rechtwinkligkeit hat im Vergleich zum Kreis etwas Hartes, Kantiges. Insofern hat es auch etwas sehr Konkretes, Festes und Fundamentales. Es betont die Endlichkeit im Gegensatz zum Kreis, dessen Linie im Grunde nirgends endet und der dadurch zum Symbol der Unendlichkeit wurde.

Das Quadrat hat somit auch etwas Offenliegendes, Offensichtliches und Überschaubares. Es ist nicht so geheimnisvoll wie Kreis oder Kreuz, entbehrt auch der Dynamik der Spirale. Doch ist es in seiner Ebenmäßigkeit – nach Platon[1] – neben dem Kreis eine Form von vollendeter Schönheit.

Als Ruhendes lädt es dazu ein, sich in ihm niederzulassen. Als Unbewegtes kann es für alles Bewegte, Unruhige bergender Ort werden. Als bergender Raum kann es aber auch zum Gefängnis werden, immer, wenn die Maße zu eng gewählt sind, wenn versäumt wurde, die Grenzen auch wieder hinauszurücken, zu erweitern: dann, wenn Dynamik und Entwicklung anstünden. Negativ bedeutet es Umzäunung und Ummauerung. Positiv bietet es Umfriedung, Umhegung eines Gartens beispielsweise, bis hin zur Einfassung eines heiligen Raumes: Dann bildet es einen »Temenos«, wie denn auch in den Meditationsbildern des Ostens das Quadrat die irdische Fassung, die Umfassung des heiligen Kreisbezirks im Inneren des Mandalas darstellen kann.

Das Quadrat ruht auf breiter Grundlage und erweckt dadurch den Eindruck der Stabilität.

Das Quadrat als natürliche und als symbolische Form

Als Naturform kommt das Quadrat im strengen geometrischen Sinne bezeichnenderweise überhaupt nicht vor; am nächsten kommen ihm noch bestimmte Formen und Formationen der Gesteine in ihrer Härte und Kantigkeit oder bestimmte Kristallbildungen. Der Schöpfer der geometrischen Figurationen von Quadrat und Rechteck, Kubus und Quader im ausdrücklichen Sinne ist der Mensch. Viereckige Felder entstehen, indem er seine Furchen zieht. Viereckige Grundrisse der Häuser sind sein Werk, das er bald mit bestimmten Messwerkzeugen zu präzisieren versteht. Er behaut Steine zu Würfeln und Quadern, um seine Bauten zu erstellen.

Auch wenn Quadrat und Rechteck, Würfel und Quader außer in kristallinen Formen in der Natur nicht vorkommen, stellen sie doch heute Elemente dar, die unser Landschaftsbild prägen: Das bunte Muster von rechteckigen und quadratischen Feldern, wie man es am eindrucksvollsten aus der Vogelperspektive des Flugzeugs wahrnimmt, zeigt unübersehbar die Kultivierungsarbeit des Menschen, besonders, wenn es sich am Rande einer Wüste langsam herauszubilden scheint.

Viel näher noch rückt uns die Erfahrung des viereckigen Feldes, wenn wir ein Gartenbeet abstecken, um es schließlich umzugraben; wenn wir ein Grundstück abmessen, wenn wir den Grundriss eines künftigen Hauses umschreiten, aus dem dann die Erde zur Grundsteinlegung für die Fundamente ausgehoben wird. Immer geht es dabei um Abgrenzen und Ausgrenzen des uns ureigenen Raumes aus der Umgebung, um Inbesitznehmen, um Sich-Niederlassen. Aber auch darum, ein Zuhause finden zu können. Später schreiten wir das Beet, den Garten, das Feld ab, um zu sehen, wie das Angepflanzte, das Gesäte, steht, wie es sich entwickelt. Oder wir gehen um unser Haus, um unser Grundstück herum, um zu sehen, ob alles in Ordnung ist, aber auch, um es abzuschreiten, um es zu genießen als das Unsere.

Auch größere Gemeinschaften stecken die ihnen gemeinsamen Felder ab: Sportplätze, Spielplätze, Versammlungsplätze, Foren, die ein Wir-Gefühl aufbauen und das Erlebnis der Zugehörigkeit zur Stadt, zur Polis schaffen.

Das »Geviert«, wie Martin Heidegger[2] es nennt, wird oft auch zum heiligen Raum, zum heiligen Platz, den kein Unberufener betreten soll. Schon der Vorhof des Tempels ist heilig. Erst recht ist es das innerste Geviert, das Zentrum. In quadratischer Form werden vor allem heilige Plätze und Orte angelegt.

Der Kreuzgang vieler Klöster legt sich als Geviert um einen Innenhof, der meist zum Garten ausgestaltet ist. Im Kreuzgang umwandelt man meditativ das Geviert des Innenhofes.

Ein viereckiger Tempelhof liegt um das Allerheiligste, den schwarzen Würfel der Kaaba in Mekka. Von den riesigen Pilgerscharen, die ihn jährlich besuchen, wird er feierlich umschritten. Aus der Luft aufgenommen, bietet der Pilgerzug ein fast geometrisches, in seiner Strenge und Dynamik zugleich faszinierendes Bild.

Heiligen Feldern liegt die Symbolik des Vierecks zugrunde, zum Beispiel dem gewaltigen Tempelplatz in Jerusalem. Ähnlich dem Roten Platz in Moskau, der einem modernen Totenkult, der Verehrung Lenins, dient und zugleich den Aufmärschen und Demonstrationen militärischer Macht.

Daneben gibt es die Spielfelder, riesige für den Fußball; handliche für Schach, Mühle und Dame, die alten, divinatorischen Schicksalsspiele.

Auch der Würfel, dessen Gestalt auf dem Quadrat beruht, ist eines der ältesten Medien des Spiels, des Glücks- und Schicksalsspiels. Er eignet sich dazu besonders, weil er aus dem Rollen auf eine bestimmte Seite fallen, sich festlegen kann. »Die Würfel sind gefallen«, lautet eine sprichwörtliche Redewendung für eine nicht mehr rückgängig zu machende Entscheidung. Immer wieder und in allen Spielarten haben Würfel und Quadrat mit der Konkretisierung, mit dem So-und-nicht-Anders, mit einem Festen und Festgelegten zu tun. Die vier Ecken geben diesen Formen Konturen, profilieren sie, machen sie unübersehbar und unumgehbar. Der Würfel ist ein Eckstein, damit aber auch ein Stein des Anstoßes: »Der Stein, den die Bauleute verworfen haben, ist zum Eckstein geworden« (Psalm 118,22), sagt das Neue Testament über Christus (Matthäus 21,42). Der Würfel ist als Hinweis auf Christus zugleich Symbol des vollständigen Menschen, der seine vier Seiten gleichzeitig ausgebildet hat.

Der griechische Tempel beruht auf einem rechteckigen Grundriss, der eine Ausrichtung zum Altar hin, eine Spannung und Erstreckung zwischen Eingang und Altarraum beinhaltet. Wie wenig selbstverständlich dies ist, zeigen die matriarchalen Kultstätten der Megalith-Zeit, die keine Rechtwinkligkeit kennen, sondern denen organische Formen wie Zellkolonien oder der Gebärmutter nachgestaltete Formen, zum Beispiel die so genannte Kleeblatt-Form der Tempel der Großen Mutter auf Malta, zugrunde liegen (vergleiche Gigantija, Hagar Quim oder die Mnaidra); möglicherweise sind sie auch den Windungen der Gedärme als einem Bild der Großen Mutter im Leib der Erde nachgebildet.

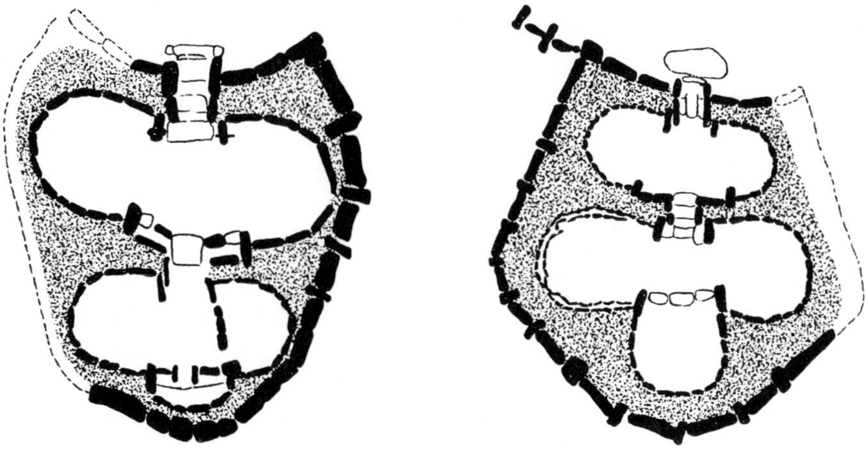

Grundrisszeichnungen der Süd- und Nordtempel der Gigantija, Malta

Streng quadratisch ist unter den großen Kultbauten oder frühen Hochreligionen nur der Grundriss der Pyramiden, in deren Aufbau und Formcharakter sich die Vier mit der Drei, das Viereck mit dem Dreieck verbunden haben. Der kristalline Charakter der Pyramidenform ist offensichtlich. Auf dem Geviert der Erde erhebt sich hier das himmelstürmende »männliche Dreieck«, zugleich Zeichen für Feuer und Licht.

Sagten wir auch, das Quadrat komme als Naturform im strengen Sinne gar nicht vor, so ist es andererseits eine der menschlichen Natur entstammende Form, eine »archetypische Gestalt«, wie Carl Gustav Jung die den archetypischen Strukturmustern unseres Unbewussten entstammenden Gestaltungen benennt. Sie konkretisieren sich seit den frühesten Zeiten, in denen wir menschliche Gestaltungen überhaupt nachweisen können, quer durch alle Kulturen der Erde. So wird das Quadrat, wie wir uns schon klarmachten, besonders häufig als Grundriss von Tempeln, Altären und Städten verwendet; auch als architektonische Einheit, zum Beispiel im romanischen, gebundenen System.

Auch als Symbol für den Körper des Menschen – genauer für seinen Brust- und Bauchraum – wird es verwendet, wie auf einer menschlichen Figur, die auf einer Schale aus Westnorwegen aus dem 9. Jahrhundert abgebildet ist. Das Zentrum des Menschen, am Ort des Sonnengeflechts, ist ein Quadrat, das von acht weiteren Quadratfeldern, die teils mit Schachbrett-, teils mit Mäandermustern geschmückt sind, umgeben ist. Im alten China galt die Erde beziehungsweise der ganze Kosmos als quadratisch. In der christlichen Kunst ist das Quadrat ein Symbol der Erde im Gegensatz zum Himmel, was sich auch darin spiegelt, dass die Heiligenscheine noch lebender Personen zuweilen quadratisch gestaltet werden, um zu zeigen, dass diese Gestalten noch der Erde angehören.

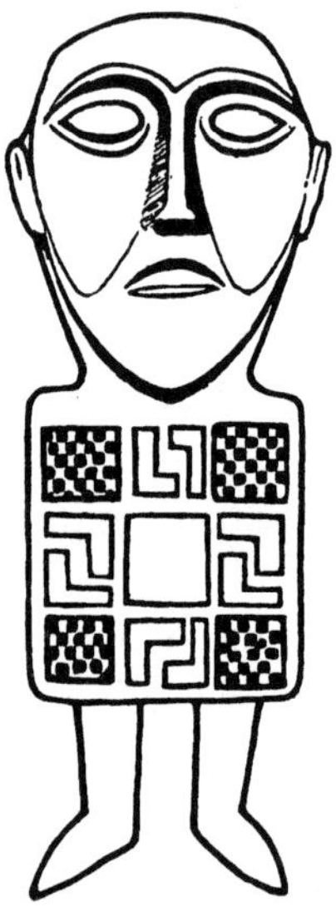

Verbindung von menschlicher Figur und Quadrat, Schale aus Westnorwegen, 9. Jh.

Eine besonders tiefgründige Anschauung des Quadrats hatten die Pythagoräer[3]: Indem sie im Quadrat ein Sinnbild für das vereinte Wirken der vier Elemente sahen, verstanden sie es zugleich als Symbol für das Zusammenwirken der Aphrodite, der Demeter, der Hestia und der Hera, ausschließlich weiblicher Gottheiten also, als deren Synthese die Göttermutter Rhea aufgefasst wurde. Dies zeigt die vielfach nachweisbare Verbindung dieser Form mit der Symbolik des Weiblichen, die ja schon durch die dem Quadrat zugrunde liegende Zahl Vier immer mitgemeint ist. Nach C. G. Jung symbolisiert das Quadrat die Materie, den Leib und die Realität[4].

Für die indianischen Kulturen, die, auf matriarchaler Basis stehend, das Himmlische nicht als eine eigene Kategorie vom Irdischen trennen, ist das Viereck ein Bild für die Grundstruktur des ganzen Kosmos. Das Popol-Vuh, das heilige Buch der Quiché-Mayas, berichtet: »Wie alles im Himmel und auf Erden geschaffen, wie es geformt und in vier Teile geteilt wurde, wie es angeordnet und der Himmel ausgemessen und die Messschnur im Himmel und auf Erden in den vier Winden, in den vier Ecken ausgespannt wurde nach den Weisungen Tzakols, Bitols, Aloms und Cajolons … und als die Linien und Parallelen des Himmels und der Erde gezogen waren, hatte sich alles vollendet, und es war gut gemessen und viereckig.«[5]

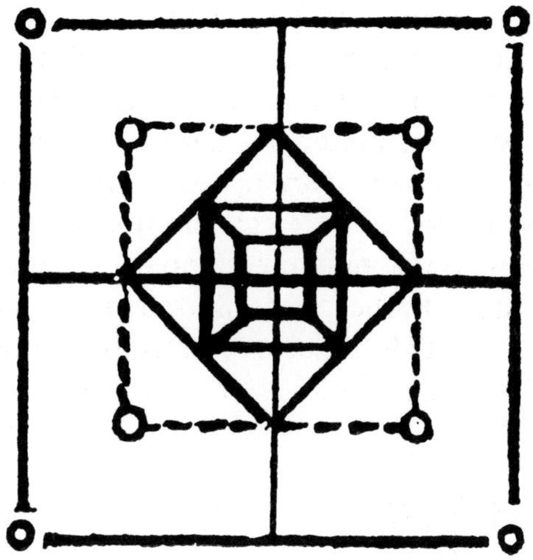

»Erdentisch« der Chorti-Mayas

Die heutigen Chorti-Mayas sehen das kosmische Quadrat durch die äußersten Punkte des sichtbaren Horizonts gebildet, an denen sich die Sonne auf ihrer Bahn während des Jahres aufhält, durch die Sonnwendpunkte, während die Kardinalpunkte von Ost, West, Süd und Nord durch die Schnittpunkte des kosmischen Kreuzes mit seinen Seiten markiert werden.

In die Mitte eines von vier Opferschalen gebildeten Quadrats, ihren Altar, den »Erdentisch«, stellen die Chorti-Mayas ein großes, mit grünen Blättern verkleidetes Kreuz. Zu Füßen des Altars werden vier kugelförmige Steine in den Tempelboden gesenkt. Dieser Akt hat den Sinn, »die Stelle zu umringen«[6], das heißt, dass das kosmische Quadrat, das dabei gebildet wird, als Schutzgürtel dient, als magischer Wall für Altar und Gottesbild. Zusätzlich werden vier Holzkreuze an den vier Ausgängen des Dorfes aufgestellt und mit Blumen und buntem Papier geschmückt. So entsprechen die Dorfausgänge den vier Wegen, die vom Zentrum in die Haupthimmelsrichtungen füh-

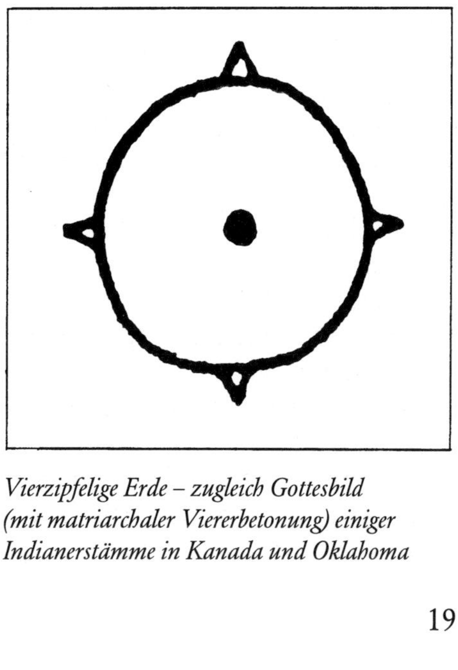

Vierzipfelige Erde – zugleich Gottesbild (mit matriarchaler Viererbetonung) einiger Indianerstämme in Kanada und Oklahoma

ren. Ein weiteres Quadrat umschließt das ganze Gemeindegebiet und wird von vier aus Steinen aufgerichteten Grenzkreuzen markiert, die noch einmal die vier Ecken der Welt symbolisieren. Bei einigen kanadischen Indianerstämmen wird das Bild der vierzipfeligen Erde zugleich für das »erste existierende Wesen«, die oberste Gottheit, verwendet, die sich durch diese Symbolisierung als weibliche, matriarchale Gottheit erweist, was auch mit der matriarchalen Stammeskultur der Indianer übereinstimmt[7].

Der Kubus als Gestalt

Der von sechs Quadraten begrenzte Körper des Würfels partizipiert an der Symbolik des Quadrats. Durch Aufnahme der dritten Dimension der Höhe gewinnt er jedoch Räumlichkeit, dadurch Plastizität und Körperlichkeit. Durch die Senkrechte wird aus der zweidimensionalen Flächenhaftigkeit des Quadrats der dreidimensionale Kubus. Der Würfel wirkt viel faszinierender als das Quadrat; er hat sichtbare und abgewandte Seiten. Er hat auch etwas Verdecktes. Man weiß nie, wohin er fällt. Er hat belichtete und unbelichtete Seiten, kann sich bewegen, rollen; aber auch in bestimmter Weise innehalten, eine bestimmte Lage einnehmen, eine bestimmte Situation schaffen. Er berührt die Erde an vielen Punkten, im Gegensatz zur Kugel hat er eine breite Standfläche.

Unter den fünf platonischen Körpern verkörpert er die Erde. Im Vergleich zum Quadrat gewinnt er zu der Horizontalen, der Länge und der Breite, der Ebene des Menschen, mit der Dimension der Höhe die Verbindung zur Transzendenz. Eine der ältesten Formen des Kubus (oft auch des Quaders) ist die Gestalt des Altars. So wird er mehr noch als das Quadrat ein Symbol des Festen und Unveränderlichen sowie gelegentlich auch der Ewigkeit. Das Himmlische Jerusalem hat nach der Offenbarung des Johannes die Form eines Kubus: »Die Stadt war viereckig angelegt und ebenso lang wie breit … Ihre Länge, Breite und Höhe sind gleich« (21, 16.17). Nach Origenes und Gregor von Nyssa ist der Kubus ein Bild der vollkommenen Beständigkeit: »Wie man ihn auch wenden mag, er steht sicher, ohne zu wanken.«[8] Andererseits liegt später, nach der Zeit der Romanik, »in der Überwindung der steifen, viereckigen Form, in der die gotische Baukunst sich auf mannigfaltige Weise gefällt, der Grundgedanke einer Heiligung der Welt durch die Kirche, einer Überwindung des Profanen durch das Heilige«[9].

Das Quadrat in seiner existenziellen und psychologischen Bedeutsamkeit

Das Viereck beziehungsweise der Kubus ist wie Kreuz, Kreis und Spirale eine der strukturgebenden Grundfornnen, unter denen der Mensch das Leben – und seine Emotionen – begreift, fasst und gestaltet. Das Viereck hat vor allem damit zu tun, wie der Mensch die Erde in Besitz nimmt, wie er seinen eigenen Lebensraum, das Feld, das Grundstück seines Hauses, absteckt und ausgrenzt aus dem eventuell noch nicht urbar gemachten Umland, wie er die Grenzen markiert, sein Grundstück umfriedet, wie er schließlich das Umfeld rodet und die Erde aushebt, um das Fundament seines Hauses zu legen. Innerhalb des Hauses grenzt er weitere Quadrate und Rechtecke aus, die Grundrisse der Zimmer, um sein persönliches Wohnen auszugestalten. Fenster und Türen, die jeweils umgrenzte Ausschnitte der Wirklichkeit öffnen und erschließen, partizipieren an der Symbolik des Vierecks.

Es charakterisiert den Menschen in besonderer Weise, dass er »wohnt«, dass er sich ein Zuhause schafft. Mit Eingrenzen, In-Besitz-Nehmen, damit aber auch mit Sich-vertraut-Machen hat das Quadrat in besonderer Weise zu tun.

So begreift der Mensch sein Bedürfnis nach eigenem Lebensraum, nach geschütztem, ihm zugeeignetem Raum, nach Wohnen, auch nach Eigentum, in der Form des Gevierts; so gestaltet er aus diesem Bedürfnis heraus seinen Garten, sein Haus. Es besteht allerdings das darüber hinausgehende Bedürfnis nach Sprachlichkeit, nach Sinngebung, deshalb bestimmt Heidegger die Situation des Menschen so: »Dichterisch wohnet der Mensch im irdischen Geviert.«[10]

Zahlreiche Rechtecke kommen in dem Bild einer »Traumwohnung« vor, die ein etwa dreißigjähriger Mann bei einem Wochenendkurs malt. Der Fußboden ist in die perspektivisch verjüngten quadratischen Bodenplatten eingeteilt; die Fächer des Bücherregals bestehen aus lauter Rechtecken, aus Bücherrücken; die Fenster selbst, die Heizungsverkleidung und die Fensterbank, die Bilder stellen weitere Vierecke dar; schließlich auch die Klinkersteine, aus denen der offene Kamin zusammengesetzt ist: All das sind Felder, auf denen der eigene Raum, das Zuhause, sich konzentriert. Zugleich wirkt das Ganze ein wenig übergenau geordnet, ein wenig zwanghaft, als wolle er das Chaos der Außenwelt bannen. Auch eine bannende Funktion hat das Rechteck.

Wenn wir uns fragen würden, was wir gerne in ein Viereck täten, was wir uns gut von einem Viereck umgeben vorstellen könnten, so wäre es sicher weniger ein geliebter Mensch, als es kostbare Dinge wären, die uns besonders viel bedeuten. Das Viereck ist etwas, das schützt, birgt; es nimmt die Dinge, die es umschließt, wie ein Safe sichernd in sich hinein.

In diesem Zusammenhang ist aufschlussreich die geheimnisvolle quadratische Kiste, die in der Imagination eines fünfzehnjährigen Mädchens aus dem Meer ans Land gespült wurde. Sie wagte nicht, sie zu öffnen, ahnte aber, dass sich etwas sehr Geheimnisvolles, für sie Lebenswichtiges darin befinden könnte.

Das Viereck bietet besonderen Schutz gegen das Chaos, gegen eine noch wilde, ungeordnete, überbordende und vereinnahmende Umwelt. Es entspricht dem Bedürfnis des Menschen nach Abgrenzung, sich solch ein Geviert des Eigenen gegenüber den anderen zu schaffen. So hatten auch die frühen Ab- und Ausgrenzungen von quadratischen Feldern magisch-abwehrenden Charakter, sie galten als Formen des Temenos, des heiligen Bezirks.

Eine sehr profane moderne Variante dieser Abgrenzung ist es, wenn sich zum Beispiel in Campingwagen-Siedlungen die einzelnen manchmal eine kleine Umfriedung aus Steinen, Zweigen und Flaschen um ihren eigenen Bezirk anlegen. Paradox ist nur die Spannung zwischen dem Wunsch nach einem Leben außerhalb der Städte auf freiem Feld und dem dennoch starken Bedürfnis nach eigenem Raum in Abgrenzung gegen die anderen.

Das Quadrat ist also für all jene Menschen eine hilfreiche und notwendige Figur, die sich mit der Abgrenzung schwer tun. Es könnte ihnen als Thema für Zeichnungen innerhalb einer Therapie vorgegeben werden.

Dem Bedürfnis nach Ausgrenzung eigenen kultivierbaren Lebensraums sind wohl die ersten quadratischen Absteckungen für Siedlungen, Städte und vor allem auch für Kultbezirke zu verdanken. Auch die Abwehr der Angst vor dem Chaos – Abwehrzauber also – hat bei der Schaffung von quadratischen Plätzen, aber auch von weiteren quadratischen Zeichensetzungen Pate gestanden.

Analog dazu ist die häufige Verwendung von Quadraten in den Zeichnungen zwanghafter Menschen zu beurteilen. Eine Mehrzahl von Quadraten innerhalb eines Bildes oder auch die Eingrenzung des gesamten Bildes durch ein Quadrat dienen der Angstabwehr. Solche quadratischen Umrandungen fassen das gesamte Bild, aber auch einzelne Bildelemente oder Bildinhalte, die den angstauslösenden Emotionen entsprechen mögen, in einen schützenden Rahmen. Zwanghafte Men-

Piet Mondrian: New York City I. 1942.
Hier haben die drei quadratischen Strukturmuster, die sich – durch ihre Farbe unterschieden – überlagern, den Ausdruck einer Vergitterung angenommen.

schen brauchen das Quadrat, um ihre Emotionen zu ordnen – sie sind umgekehrt aber auch selbst durch ihre Rechtwinkligkeit und durch ein gewisses raster- und kästchenförmiges Denken, durch eine gewisse Einschachtelung all ihrer Lebensäußerungen charakterisiert. Alles muss bei ihnen eingeteilt werden. Das Karopapier der Grundschulhefte für Rechnen – in der Schweiz sehr bildhaft als »gehäuseltes« oder »Häuschenpapier« bezeichnet – entspricht solchem schematisierten Denken, während es phantasievolle Schüler eher quält. Dieses Millimeterpapier, als

Hilfe für die Schüler gedacht und von vielen gerne aufgenommen, wird von ausgesprochen kreativen Schülern auch als Einengung erlebt und heftig abgelehnt.

Quadrat-Labyrinth, Reparatus-Basilika, um 325

So kann das Quadrat auch als beengendes Feld, ja als Gefängnis empfunden werden und dadurch das Bedürfnis nach Möglichkeiten und entsprechenden Figurationen wecken, die versuchen, die Form des Quadrats zu öffnen. So stellt das Quadratlabyrinth, das sich aus rechtwinkligen Mäanderfiguren zusammensetzt, einen Versuch dar, die zu enge Begrenzung des Vierecks ins Dynamisch-Unendliche hin zu öffnen.

Auch die Gestalt des Kubus kann als einengend empfunden werden und Assoziationen an Betonbunker wecken. Zugleich bedeutet ein kubischer Körper eine ungeheure Zusammenballung von Materie, ein Potential an geballter, kompakter und komprimierter Kraft. Auch eine solche Zusammenballung kann natürlich beängstigend wirken, wenn sie übergroße Dimensionen annimmt und zudem auch auf eine Bannung psychischer Kräfte hinweist, die – solange sie in diese kompakte Form gepresst sind – dem Leben nicht mehr zur Verfügung stehen.

Der Würfel kann auch eine materialisierte Ballung eines Problems darstellen, wie zum Beispiel der Riesenwürfel, der in dem Traum einer zweiunddreißigjährigen Studentin auftauchte: Sprengkommandos und Feuerwehr rückten an, um diesen Klotz zu sprengen; Sanitäter standen bereit, um eventuelle Unfälle und Verletzungen zu behandeln. Ungefährlich war das Unternehmen einer Sprengung des Kubus also nicht. Jahrzehntelang angestaute Materialien aus der Lebensgeschichte dieser Frau und die in ihr gebundenen Energien sollten in diesem Traum freigesetzt werden. Am Abend zuvor hatte sie alte, selbstgemalte Bilder betrachtet, die sie an eine besonders schwere, krisenhafte Zeit ihres Lebens erinnert hatten. Offenbar waren an jene Zeit ihres Lebens noch erhebliche Gefühlskräfte gebunden. Die Menge der Menschen, die in dem Traum zu der Sprengaktion benötigt wurden – die Sprengkommandos bestanden aus großen Menschenzahlen –, verdeutlicht, dass es nicht leicht war, die in der Würfelgestalt gebannte Kraft und Energie überhaupt wieder freizusetzen. Die Anwesenheit von Sanitätern im Traum zeigt, dass die Träumerin ernstliche Angst verspürt, sie könne sich, in Gestalt ihrer Traumfiguren, verletzen, wenn dieses große, alte, in dem Riesenwürfel verkörperte Problem »in die Luft fliege«. Im Traum geschieht es dann so, dass der Würfel tatsächlich in die Luft gesprengt werden kann. Die Träumerin erlebt es aus der Nähe mit und verspürt, während der Würfel in die Luft fliegt, ein Beben, das ihren ganzen Körper durchfährt und, von einer ungeheuren Energie ausgelöst, sie zunächst in einen Zustand großer Erschöpfung versetzt, weil sie sich diesem Zustrom neuer Kräfte noch gar nicht gewachsen fühlt. Nach der gefühlsmäßigen Bedeutung eines Würfels für sie persönlich gefragt, erläutert sie: »Ein Würfel verführt auf jeden Fall mehr dazu, gesprengt zu werden, als eine Kugel.«

Andererseits kann die komprimierte Kraft eines Kubus auch Ehrfurcht erwecken. Die Kaaba in Mekka, ein schwarzer Würfel aus Meteoritengestein – wobei die besondere Qualität des Meteoriten die Verehrung noch erhöht –, gilt, wie schon erwähnt, als ein Hauptheiligtum des Islam.

Dabei ist es eigentümlich, wie der Kubus, der auch den frühesten Baukörper der Moscheen bildet, schon bald durch das Rund der Kuppel – das Symbol des Himmlischen gegenüber dem Kubus als Symbol des Irdischen – ergänzt und überhöht wurde. Offensichtlich bestand das Bedürfnis, die kompakte irdische Gestalt des Kubus nach oben hin zu öffnen, auszuweiten, auf die Dimension des Transzendenten hin zu erschließen. Auch die Gotik versucht, das schwere kubische Bauelement, das Quadrat, als die grundlegende Formeinheit auch im Grundriss, das die Romanik als Ausdruck des Begründenden und Fundamentalen bevorzugt, zugunsten einer Streckung und Verjüngung nach oben, im Sinne des gotischen Spitzbogenprinzips, zum Transzendenten hin zu öffnen. Das vorchristliche Pantheon in Rom öffnet sich dagegen zur Transzendenz, indem es der Kuppel eine kreisrunde Öffnung zum Himmel belässt, durch die das Sonnenlicht einfallen, der Regen einströmen und die Vögel ein- und ausfliegen können.

Das Quadrat als Grundriss, der kubische Hauptkörper des Baus mit der überwölbenden Kuppel ist das Grundprinzip aller Zentralbauten von der Ostkirche – mit dem maßgebenden Beispiel der Hagia Sophia in Konstantinopel – bis zum Islam, der nach dem Vorbild der Hagia Sophia die späteren Moscheen gestaltet.

Mit dem Zentralbau stellt man symbolisch das Bild eines Gottes dar, der umfassend schützt und birgt im »irdischen Geviert«, gerade da-

Piet Mondrian, Komposition mit Rot, Blau und Gelb, 1930
In dieser Komposition bringt Mondrian den Charakter verschiedenartiger Rechtecke, hochkantig »stehender« oder breit »hingelagerter« zurErfahrung: Die zentrale Sonderstellung des Quadrats unter ihnen wird durch die Größe und die dominante Farbe Rot betont.

durch, dass er es in der Kuppel umgreift und überwölbt. Die Hagia Sophia ist charakteristischerweise dem weiblichen göttlichen Prinzip geweiht, der Sophia, der »heiligen Weisheit«: Das Geviert gehört von Grund auf der Symbolik des Weiblichen zu, schon dadurch, dass es in der uralten weiblichen Zahl, der Vier, gründet.

Nach Augustin ist das Quadrat, in dem die Seite der Seite, der Winkel dem Winkel in vollkommenem Gleichmaß gegenüberstehen, Sinnbild der Gerechtigkeit, das heißt, jener Tugend, die jedem das Seine gibt[11]. So verkörpert bei Platon neben dem Kreis das Quadrat »das vollkommene Schöne«[12].

Es charakterisiert den Menschen als Menschen, dass er sein Maß erst finden muss. Einem Baum, einer Pflanze, einem Tier ist es von Natur eingestiftet. So entspricht es der Natur des Menschen, Maße zu finden, zu setzen, zu stiften. Eins seiner Grundmaße ist das Quadrat. Das Quadrat ist dabei von einem Ebenmaß, das, wie wir sagen, schon nicht mehr natürlich ist, das nirgends in der Natur vorkommt. Dafür ist es ein eigenständiges menschliches Maß, der Menschennatur offenbar angemessen. Es ist fast nicht möglich, ohne technische Hilfsmittel wie Lineal, Zirkel oder Winkel ein geometrisch stimmiges Quadrat zu konstruieren. Aus freier Hand gezeichnet, bedarf es einer besonderen Konzentration, einer ruhigen Hand, eines besonderen Augenmaßes für Form und Proportion. Ein Quadrat kann nur mit Konzentration, aus einem ganz Dabei-Sein gezeichnet werden. Es lädt auch wiederum dazu ein, sich zu zentrieren. Das Quadrat stellt eine Grundform der Meditationsmandalas dar, wie wir sie vor allem aus dem hinduistischbuddhistischen Raum kennen, wo es zumeist den umfriedenden Außenraum darstellt, der den symbolischen Kern, meist in eine Kreisform eingefasst, enthält.

Auch das meditative Ausschreiten des Quadrats selbst, zum Beispiel das Kinhin, das während der Zen-Meditation geübt wird, stellt eine besondere Form der Zentrierung dar. Sorgsam Fuß vor Fuß setzend, wird dabei in sehr gesammelter, auf die Körpermitte, das Hara, konzentrierter Haltung das Quadrat des Meditationsraumes – oder auch ein Quadrat im Freien – ausgeschritten. Hierbei erfährt man auch die befreiende Wirkung des wirklich ausgeschrittenen Quadrats: Der gleichmäßig wechselnde Blickpunkt beim Überschreiten der vier Ecken entspricht jeweils einem Perspektivenwechsel. Es geht darum, das Leben immer wieder anders anzusehen – im Sinne der vier Himmelsrichtungen und ihrer Symbolik, der vier Funktionen (Fühlen, Denken, Empfindung, Intuition) Jungs, der vier Göttinnen bei den Pythagoräern –, um aus der Perspektivlosigkeit herauszukommen. Diese Erfahrung enthält zugleich eine psychologische Aussage: Gesundes Leben, unbehinderte Lebendigkeit nämlich, lebt vom Perspektivenwechsel. Psychotherapie besteht oftmals vor allem darin, einem Menschen in seiner festgefahrenen Situation eine andere, eine neue Perspektive aufzeigen zu können, dazu anzuleiten, die Dinge anders zu sehen als bisher. Einen mindestens vierfachen Perspektivenwechsel legt das Abschreiten eines jeden Quadrates nahe; so komplex ist es denn doch.

Oft wird das Quadrat missverstanden im Sinne einer bloßen Rechtwinkligkeit, als ginge es um nichts als formale Gleichförmigkeit. Wenn diese zum Prinzip wird, wird das Quadrat missbraucht zur Begründung einer Selbstgerechtigkeit oder auch einer Gesetzlichkeit, die alle über einen Kamm schert.

Ein Kult bloßer Rechtwinkligkeit ist auf etlichen Ebenen moderner Zivilisation wahrzunehmen, vor allem aber auf dem Gebiet des Bauens, der Architektur. Wenn wir die modernen Wohn- und Geschäftshochhäuser betrachten, die Hotelsilos, die oft unvermittelt in unberührte Landschaften gesetzt werden, dann wird deutlich, dass hier die Bestimmung des Menschen zum Maß, zu der gewiss die Entdeckung des Quadrates gehört, verfehlt wurde und stattdessen Unmaß und Maßlosigkeit sich ausbreiten.

Gegen den Kult der Rechtwinkligkeit in der Architektur hat – neben den Vertretern des Jugendstils überhaupt – vor allem der österreichische Maler Friedensreich Hundertwasser Stellung genommen. Schon im Juli 1958 zog er in seinem »Verschimmelungsmanifest« gegen die »90-grädigen Ecken von Wien« zu Felde: »Dieser Urwald der geraden Linien. der uns immer mehr wie Gefangene in einem Gefängnis umstrickt, muss gerodet werden ... Jede moderne Architektur, bei der das Lineal oder der Zirkel nur eine Sekunde lang – und wenn auch nur in Gedanken – eine Rolle gespielt bat, ist zu verwerfen. Gar nicht zu reden von der Entwurf-, Reißbrett- und Modellarbeit, die nicht nur krankhaft steril, sondern wahrhaft widersinnig geworden ist. Die gerade Linie ist gottlos und unmoralisch. Die gerade Linie ist keine schöpferische, sondern eine reproduzierende Linie. In ihr wohnt weniger Gottes und menschlicher Geist als vielmehr die bequemlichkeitslüsterne, gehirnlose Massenameise.«[13] Schon 1955 malte er ein Aquarell mit dem Titel »Schachtelmenschenperspektive«, in dem Menschenköpfe wie in enge Schachteln eingezwängt sind. Wie ein Kommentar zu diesem Bild wirkt eine weitere Stelle aus dem »Verschimmelungsmanifest«: »Es ist an der Zeit, dass die Leute selbst dagegen revoltieren, dass man sie in Schachtelkonstruktionen setzt, so wie man die Hendln und die Hasen in Käfigkonstruktionen setzt, die ihnen wesensfremd sind.«[14]

Sehr pointiert schreibt er in einem weiteren Manifest vom 9. Februar 1968, dem »Gesetz für individuelle Bauveränderungen oder Architekturboykott«: »Wie wird der Untergang sein? Einen Vorgeschmack haben wir schon: in jedem Wohnblock in New York 10–20 Psychiater. Die Kliniken überfüllt, wo die Irren nicht gesund werden können, weil die Kliniken auch nach Loos (d.h. steril, monoton, rechtwinklig) gebaut worden sind. Die Krankheiten der Menschen, die in den sterilen Bauten interniert sind, gedeihen in der tödlichen Eintönigkeit.«[15]

Hundertwasser geht so weit, sogar gegen die Rechteckigkeit der vorgegebenen Papierformate zu polemisieren: »Ich habe sehr gern unregelmäßige Papiere und male den Rand oft äußerst liebevoll, und zum Zeichen, dass mir an dem unregelmäßigen Rand besonders liegt, rändere ich ihn noch besonders kostbar ein, so wie man mit Brokat einsäumt. Also mit Absicht, denn ich habe furchtbare Sachen erlebt: man hat mir oft die unregelmäßigen Aquarelle zu Rechtecken zugeschnitten ...«[16] So berichtet Hundertwasser in einem Gespräch mit Lothar Günter Buchheim. Das Quadrat und seine Rechtwinkligkeit kann also immer dann zum Gefängnis werden, wenn man es absolut setzt und damit das Maß verliert. Auch die Anthroposophie hat bekanntlich gegen die Rechtwinkligkeit des Bauens mehrfach Stellung genommen und versucht, Bauformen zu entwickeln, die natürlichen schwingenden Formen nachgebildet sind.

Wenn wir zu Anfang sagten, das Viereck sei eine Grundform, unter der der Mensch das Leben begreift, fasst und gestaltet, so können wir nun einen letzten Gesichtspunkt hinzufügen: Quadrat und Würfel sind offenbar auch Beispiele dafür, wie der Mensch die objektive Widerständigkeit des Daseins begreift und bewältigt: Mit ihren vier beziehungsweise acht Ecken sind das Quadrat und vor allem der Würfel auch »Steine des Anstoßes«; zugleich stehen sie für die subjektive Kraft des Menschen, sich widerstehend zu behaupten, zu realisieren. Man spricht respektvoll-ärgerlich ja auch von Menschen mit »Quadratschädeln« und meint damit eine Wesensart, die sich – und sei es mit einem gewissen Grad von Borniertheit – zu behaupten, durchzusetzen vermag.

Auf hohem und differenziertem geistig-seelischem Niveau werden dagegen Quadrat und Würfel in ihrer klaren Struktur, die alle Seiten gleichmäßig zur Ausformung bringt, zu einem Symbol der Selbstverwirklichung, der Realisierung des Selbst. Eine Abbildung zeigt den Stein der Weisen, das höchste Symbol der Selbstverwirklichung bei den Alchemisten, als Kubus.

Quadrat und Würfel weisen die Viererstruktur auf, die sich in zahlreichen Bereichen und Belangen menschlichen Lebens wieder findet: in der äußeren Wirklichkeit in den vier Himmelsrichtungen, den vier Jahreszeiten, den vier Elementen und den vier Weltaltern; in der inneren Wirklichkeit in den vier Temperamenten, den vier Funktionen, auf die Jung seine Typenlehre aufbaut[17], aber auch in der vierfachen Ausstattung des Menschen nach der Auffassung des Islam, nach der dieser

Der quadratische Stein der Weisen,
Alchemistische Darstellung, 1520

sich göttlichen, engelischen, menschlichen und teuflischen Einflüssen öffnen kann[18]. Im Zeichen des Ouadrats wäre also der Mensch bemüht, die Möglichkeiten seiner vielfältigen Ausstattung zu integrieren und eine gewisse Ganzheit zu erreichen. In diesem Zusammenhang wäre das Quadrat als Realisierungsebene des Selbst zu betrachten; eine Ebene, die in ihrer Viereckigkeit immer allseitig ausgeschritten werden müsste, um verwirklicht, um einverleibt werden zu können. Das Viereck bietet so ein Symbol für das, was wir das sich inkarnierende Selbst nennen können: nämlich die Tendenz des Selbst, sich im alltäglichen Leben, gerade in und unter dessen Widerständen, Ecken und Kanten, zu realisieren.

Welche Schwierigkeiten sich gerade bei diesem Realisierungsprozess auftun können, zeigen einige Beispiele aus der Traumserie eines Physikers, die Jung in seiner Studie »Psychologie und Alchemie«[19] wiedergegeben hat. Ich beziehe mich dabei nur auf die Träume, die das Symbol des Quadrats ausdrücklich enthalten.

Der erste Traum, in dem das Quadrat auftaucht – es ist der sechzehnte der Gesamtserie –, lautet: »Es sind viele Leute da. Alle gehen linksläufig im Quadrat herum. Der Träumer ist nicht in der Mitte, sondern auf der Seite. Es heißt, man solle den Gibbon rekonstruieren.«[20]

Der zweite Traum (der achtzehnte der Gesamtserie), von dem ich nur die erste Sequenz, die in unserem Zusammenhang wichtig ist, wiedergebe, hat folgenden Wortlaut: »Ein quadratischer Raum. Es finden darin komplizierte Zeremonien statt, die die Verwandlung von Tieren in Menschen zum Zweck haben. Zwei Schlangen, die nach entgegengesetzten Richtungen laufen, müssen sofort beseitigt werden. Es sind Tiere da, wie Füchse und Hunde. Man geht wiederum im Quadrat herum und muss sich in den vier Ecken jeweils von diesen Tieren in die Waden beißen lassen …«[21]

Ich möchte hier nur auf das für unser Thema Relevante eingehen. Die Träume beschäftigen sich mit der Erläuterung dessen, was in einem quadratischen Raum geschieht: Der Gibbon, der Anthropoide, soll rekonstruiert werden, so sagt der erste Traum; man müsse sich von den Tieren beißen lassen, mit ihnen in schmerzhafte Berührung kommen, damit sie in Menschen verwandelt werden können, so sagt der zweite. Was bedeutet es, dass beides in einem quadratischen Raum geschieht? Es besagt wohl, dass der quadratische Raum gleichsam ein Verwirklichungsraum ist. Es geht in ihm nicht um irgendetwas, sondern um nichts Geringeres als um die Verwirklichung jenes »Selbst«, worunter Jung die umfänglichere, ganzheitlichere Persönlichkeit eines Menschen versteht, die den Radius seines bewussten Ich jeweils bei weitern übersteigt. Um das »Selbst« zu realisieren, müssen aber zunächst die vernachlässigten Teile unserer Tiefenperson, die bis in die mit den Tieren verwandten Frühstufen des Menschseins (bis zum Anthropoiden hin) zurückreichen, wieder entdeckt und integriert werden. Das bewusste Ich des Träumers muss angesichts dieser Vorgänge zunächst zur Seite treten, wie es im ersten Traum heißt. Dass die Menschen im ersten Traum linksläufig das Quadrat ausschreiten, bedeutet, dass sie zunächst die Bewegungsrichtung zum Unbewussten hin – als die symbolisch die linksläufige gilt – einschlagen müssen. Die Rekonstruktion des Gibbon – die Integration der tiernahen seelischen Anteile, zum Beispiel der Instinkte – gelingt nicht auf der bisherigen Bewusstseinsebene.

Es bedarf in dieser Serie noch weiterer Träume, bis der Träumende auf die Forderung des Unbewussten eingehen kann, die sich in dem quadratischen Raum darstellt, an seine Selbstverwirklichung nämlich im Blick auf ein bestimmtes Lebensproblem: »Ein rechteckiger Tanzsaal. Alle Leute gehen linksläufig um die Peripherie. Plötzlich ertönt das Kommando: ›Zu den Kernen‹. Der Träumer aber muss zuerst ins Nebenzimmer, um noch einige Nüsse zu knacken. Dann klettern die Leute auf Strickleitern zum Wasser hinunter.«[22]

Wir haben einen rechteckigen Saal vor uns, nicht den quadratischen, noch herrscht also die Dimension des bewussten Ich vor, aber der rechteckige Saal ist kein Gefängnis mehr, wie in einigen früheren Träumen, sondern eher ein Festsaal, der spielerischen, festlichen Charakter hat. Hier ertönt die Aufforderung »zu den Kernen«. Das könnte darauf hinweisen, dass es endlich um das Wesentliche gehe. Der Träumer versteht es allzu konkretistisch, die Nüsse fallen ihm ein, die er im Nebenzimmer noch zu knacken hat. Zugleich werden diese Nüsse wieder gleichnishaft verstanden im Blick auf Probleme, die er wohl wirklich noch zu lösen hat, ehe er mit den anderen, die zugleich andere Anteile seines Wesens verkörpern, zum Wasser der Tiefe hinabsteigen kann. Dadurch, dass der Prozess wieder in die Tiefe, zum Wasser hinunter, führt, wird gleichsam symbolisch auch die Vertikale des Raumes wieder verlängert, und »so entsteht aus dem Rechteck wieder das Quadrat, denn dieses drückt die vollkommene Symmetrie von bewusst und unbewusst aus, mit allem, was die Symmetrisierung von Bewusstem und Unbewusstem psychologisch bedeutet«[23]. Solange der Träumer aber nicht bereit ist, den hier fälligen Tribut zu verrichten, das Opfer seiner bisherigen Einstellung zu bringen, das er zur Weiterentwicklung braucht, wird er diesen Traum immer als einen gefangen haltenden erleben. Davon spricht noch ein letzter Traum, der sich auf das Quadrat bezieht (er ist der 53. innerhalb der Gesamtserie):

»Befindet sich im leeren quadratischen Raum, der in Rotation befindlich ist. Eine Stimme ruft: ›ihn nicht herauslassen. Er will die Steuer nicht bezahlen.‹« Nach Jungs Auffassung ist der Grund für die Störung die »ungenügende Einschätzung der Forderung des Unbewussten (der Vertikalen), wodurch eine Verflachung der Persönlichkeit (liegendes Rechteck) eingetreten ist«[24]. Das Symbol des Quadrats stellt zugleich eine ungeheure Herausforderung an den Menschen dar, an der Verwirklichung seiner Ganzheit, seines »Selbst« zu arbeiten. Im Quadrat stellt sich also letztlich die Grundform dar, unter der der Mensch versucht, sein Bedürfnis nach Selbstverwirklichung unter den Bedingungen der Widerständigkeit des Daseins zu begreifen, zu fassen und zu gestalten.

Der Traum einer Analysandin (ca. 50 Jahre, vom 1. April 1985) zeigt die gleiche Thematik, den quadratischen Raum, der zugleich fasziniert und erschreckt: »Durch eine Öffnung vom Gang aus, so groß wie ein Fenster, kann man in eine quadratische Küche sehen, wo unsichtbar Leute herumwirtschaften. Ich spreche mit ihnen, und ein Arm will mich hineinziehen – da bekomme ich einen Riesen-Schreck und reiße mich los und fliehe.« Die Analysandin, die noch stärker als der Träumer, vom dem Jung berichtet, von den Vorgängen – hier ist es eine Küche – angezogen, im quadratischen Raum ja buchstäblich herangezogen wird, erläutert: »Ich erwache und denke: Jetzt bist du wieder mal weggelaufen und hast eine Chance verpasst. Die Küche kommt mir wie eine mittelalterliche Küche, ein alchemistisches Labor vor, das nach oben einen Rauchfang hat. Es war aus Feldsteinen gebaut, hermetisch abgegrenzt gegenüber den übrigen Räumen des Gebäudes.«

Das Kreuz – das Ausgespannt-Sein

Zur Einstimmung
Das Kreuz im Meer

In der weichen, weit ausschwingenden Dünung des Atlantik schwimmend, deren Wiegen ich empfinde, entdecke ich plötzlich einen sperrigen Gegenstand, eigentümlich in die Luft ragend, wenn ein Wellenkamm sich sanft überschlägt und ihn mitreißt: ein Kreuz, aus zwei Brettern zusammengenagelt, vielleicht ein Stück eines Zaunes, eines Mastes oder nur einer alten Obstkiste ... Wie auch immer: Eigentümlich sperrig, hebt es sich ab von der schwingenden Bewegung des Meeres. Ein Stück, von Menschenhand gemacht, etwas sehr Menschenförmiges innerhalb dieses Urelementes Meer, etwas Gegensätzliches, doch vom Meer getragen. Ob ich mich im Notfall daran festhalten könnte?

Es ist wohl zu klein, dieses schwimmende Zufalls-Kreuz, um mich selber tragen zu können; aber ich komme nicht so leicht los von diesem schwimmenden Kreuz im Meer, einem Zufallsprodukt und doch einem Zeichen, das viele Assoziationen weckt ...

Victor Vasarély: Quasar-paal-2

Beim Zusammentreffen der Rautenfelder, des linken mit dem rechten, des oberen mit dem unteren, entsteht das helle Koordinatenkreuz, das das Bild kennzeichnet.

Das Bildzentrum ist besonders hervorgehoben. Es ist ein Feld besonderer Art. Wie ein Bild im Bild wirkt es, wie ein Fenster mit etwas getöntem, milchigem Glas: Die Farben werden hier weicher. Alle Rauten innerhalb dieses Mittelfeldes sind um ihre Achse gedreht, als wären sie in die Nähe eines Magnetpols geraten. Übrigens teilt sich das Mittelfeld noch einmal in vier Felder. Ein Rautenfenster, bestehend aus zwei gegeneinander versetzten hellgrünen und hellviolettgrundigen Rauten, bildet die Mitte. Wir haben ein Feld im Feld, ein Kreuz im Kreuz vor uns. Aus einem Feld, das sich ins Unendliche fortzusetzen scheint – die angeschnittenen Rauten am rechten und linken Bildrand legen diese Vermutung nahe –, ist ein Zentralfeld ausgegrenzt. Es ist also eine Konzentration, die sich hier vollzieht.

Eigenartig wirkt, dass auch in diesem Zentralfeld die vierfache Aufteilung betont ist. Vielleicht unterstreicht es noch einmal die vier Himmelsrichtungen, die sich hier zu einem Zentrum zusammenschließen, oder vielleicht auch die vier Elemente, die sich hier kristallisieren. Das Bild wirkt wie ein Richtungszeichen zur Orientierung in der Ganzheit des Raums: »Es scheint einer archetypischen, seelischen Grundstrukturanlage im Menschen zu entsprechen, dass Ganzheitsorientierungsversuche quaternären Charakter besitzen: in der Raumorientierung hat man vier oder acht Himmelsrichtungen. In China, bei den nord- und südamerikanischen Indianern, in der vorchristlichen Antike und Mittelmeerkultur, in Indien, bei den Inka und Maya dominieren Vierheitsorientierungen in allen Weltmodellen und Gottesvorstellungen. Bei uns blieb die Vier im Mittelalter die Zahl der Elemente, der Aggregatzustände, der alchemistischen Stufen, der Temperamente etc. In der heutigen theoretischen Physik taucht das vierdimensionale Minkowski-Einsteinsche Weltmodell auf, Wilkinson hat vier physikalische Grundprinzipien in der Natur postuliert: Erhaltung der Energie, Gravitation, Affinität und schwache Wechselwirkung. Sir Eddington postuliert ebenfalls vier Naturkonstanten. Es wären hier auch die Vierervektoren des elektrischen Stromes in komplexen Feldern zu erwähnen.«[1] Diese Aufteilung in vier Felder wäre dann also als ein Versuch zu verstehen, sich in einer Ganzheit zu orientieren: einmal in der physikalischen, zum andern aber auch in der psychischen.

Aus einem unendlichen Raum ist hier ein besonderer ausgegrenzt, ein eigener, ein persönlicher. Hier polen sich die allgemeinen Rauten um, auf das persönliche Zentrum zu. Hier konzentriert sich alles, hier komme ich zu mir. Hier wird das Strukturmuster aus dem Kosmos denn auch wärmer und farbiger. Die hellen Violett- und Grüntöne sind freundlicher, menschlicher. Es ist etwas Frühlingshaftes darin, auch wenn die Farben des Bildes im Ganzen streng und kühl sind. Auch zu dem Koordinatenkreuz könnte man sagen, dass aus dem Richtungskreuz, das in den unendlichen Raum reicht, ein Kreuz im Kreuz, als mein Koordinatenkreuz gleichsam, ausgesondert ist. Vielleicht auch als meine Wegkreuzung, mein Kreuzweg.

Vasarély, Quasar-Paal-2

Es kommt einem der Gedanke an das christliche Kreuzzeichen; es ist als besonderes religiöses Zeichen von dem uralten Richtungszeichenkreuz abgeleitet. Das christliche Kreuz ist ein Zeichen für Schicksal und Tod, ein Zeichen für Hingabe geworden. In diesem Zusammenhang fällt auch die starke diagonale Strahlung auf, die von diesem Kreuz ausgeht. Dieses Kreuz mit diagonalen Strahlen erinnert sehr an die christlichen Kreuzdarstellungen, wo die entsprechenden Strahlen oft vom Haupt Christi ausgehen.

Aber hat Vasarély wirklich daran gedacht? Darf man gerade ihm eine religiöse Deutung unterstellen?

Er weiß selbstverständlich, dass das rein geometrische Kreuzzeichen in unserem Kulturkreis auch ein religiöses Zeichen ist. Es ist ihm nicht unbekannt, dass die Verwendung eines so transparenten Blaus in Verbindung mit der alten Kirchenfarbe Violett Assoziationen an religiöse Bilder und die damit verbundenen Erfahrungen wecken kann. Aber er hat das vermutlich nicht eingeplant. Ihm lag an eben dieser Farb-Form-Komposition. Vasarély aber verhält sich gegenüber dem, was sein Bild im Betrachter auslösen kann, sehr aufgeschlossen. So schreibt er einmal: »Der Betrachter weiß nicht um die Überlegungen und Ängste des Schöpfers. Es steht ihm frei, seine Werke so zu interpretieren, wie es ihn gut dünkt. Seine Interpretation aber ist keine Willensfrage, sondern abhängig von der Wirkung, der er sich bei der Betrachtung des Bildes ausgesetzt hat. Ich habe da ganz erstaunliche Beobachtungen gemacht. So lernte ich, der ich ja ein ganz radikaler Antispiritualist bin, einen sehr intelligenten, sehr interessanten Mann kennen, der sich für meine Malerei begeisterte, aber ein äußerst frommer Katholik ist. Nun in seinen Augen bin ich ein Gotiker, ein Mystiker; meine Malerei versetzt ihn in einen Zustand tiefster Prostration, er wird vor ihr von der gleichen religiösen Ergriffenheit beseelt, wie in den Kathedralen von Chartres und Reims. Ihm manifestiert sich in ihr die Herrlichkeit Gottes. Für andere Leute dagegen stellt dasselbe Bild den bestirnten Himmel dar, nicht einen von Engeln bevölkerten, sondern den von den Relativitätsgesetzen Einsteins gelenkten Himmel. Meinen Sie, der gotische oder moderne Bewunderer meines Werkes seien so sehr von einander verschieden? Interpretationsfreiheit ist legitim, und ich glaube kaum, dass man sie den Menschen verwehren kann.«[2]

Das Kreuz als Gestalt

Das Kreuz ist vor allem Kreuzung, Überschneidung, aber damit auch Treffpunkt zweier Linien, der Waagrechten und der Senkrechten, der Linie des Ruhens, der irdischen Erstreckung und der Linie des Aufrechtstehens, der Spannung, der Ausspannung zwischen Himmel und Erde. Beide kommen aus dem Unbegrenzten und ziehen auch dorthin weiter.

Ihre Begegnung geschieht punktuell, sie treffen sich: Beide Linien kommen aus dem Offenen und erstrecken sich weiter ins Offene; so steht das Kreuz im Gegensatz zum Quadrat frei im Raum.

Stellt man sich das Quadrat eher als ein Liegendes, auf breiter Fläche Aufruhendes vor, so hat die Gestalt des Kreuzes – auch wenn es als liegendes Richtungskreuz die Windrose, den Kompass darstellen kann – eher etwas Aufgerichtetes, Aufrechtes: Es steht wie der Mensch mit ausgebreiteten Armen, offen gegen den entgegenkommenden Wind, in der Weite einer Landschaft. Auch der Körperbau des Menschen selbst enthält die Kreuzstruktur.

Im Vergleich zum Quadrat hat das Kreuz nur eine geringe Standfläche, auf der Basis der Vertikalen. Sein Stand beruht deshalb weniger auf der Breite seiner Standfläche als auf der Kraft seiner Verwurzelung und vor allem auf der Balance, die es durch die Horizontale mit ihren gleichschenkligen Armen enthält.

In der Ausgewogenheit zwischen Längs- und Querachse besteht die Harmonie seiner Gestalt. Zugleich hat das Kreuz viel mit dem Quadrat gemeinsam: Es hat wie dieses seine Viererstruktur, die beim Kreuz deutlich auf einer Zweierstruktur basiert, auf den beiden Achsen, die sich im rechten Winkel schneiden, so dass vier Arme entstehen. Auch die Rechtwinkligkeit hat das Kreuz mit dem Quadrat gemeinsam, so dass auch das Kreuz eine statische Figur bildet, wenn es auch von einer wesentlich stärkeren Spannung getragen ist als das Quadrat. Noch dynamischer wirkt das schräggestellte Kreuz, das aus der Kreuzung zweier Diagonalen besteht. Das Kreuz entsteht auch bei einer Durchquerung des Quadrats von Längsachse zu Längsachse, von Querachse zu Querachse, es entsteht als Koordinatenkreuz, eine der ursprünglichsten Figuren jeder Raumaufteilung, jeder Strukturierung der Fläche. Verbinden wir die Ecken eines Quadrates durch Diagonalen, so entsteht das Andreaskreuz.

Als den Hauptunterschied zum Quadrat empfinde ich die Offenheit der Form, das freie Ausgreifen der vier Kreuzesarme, während das Quadrat in sich geschlossen ist. Dessen Kanten bilden die vier in sich geschlossenen Ecken.

So stellt das Kreuz noch evidenter als das Quadrat eine richtung- und wegweisende Form für die vier Himmelsrichtungen dar. Auch ist es ein Koordinatenkreuz für die Stellung des Menschen in seinem Lebensraum. Es ist ausgespannt wie der Mensch zwischen oben und unten, rechts und links, zwischen Kopf und Füßen, zwischen Gebundenheit und Freiheit, Geistigem und Körperlichem, Bewusstem und Unbewusstem. Das Kreuz ist ein Integrationszeichen für spannungsreiche Gegensätze, schließt sie zu einer übergreifenden Form zusammen. Wenn man vor allem von den beiden Kreuzesarmen ausgeht, kann es auch zum Zeichen der Durchdringung zweier entgegengesetzter Bereiche, des Himmels und der Erde oder auch des Raumes und der Zeit, werden.

In China brachte man es – unter Einbeziehung des Kreuzmittelpunktes – mit der Zahl Fünf (in weiteren Zusammenhängen auch mit der Zahl Zehn) in Verbindung[3].

Das Kreuz als natürliche und symbolische Form

Das Kreuz kommt – im Gegensatz zum Quadrat – in der Natur vielfach vor: als Strukturprinzip bei Kristallgittern, dort in streng geometrischer Form, aber auch als Formprinzip bei Pflanzen, im Blütenstand der Kreuzblütler zum Beispiel, auch in vielen anderen Blütenständen, an den Gabelungen zwischen Blättern und Stängeln bei Pflanzen, zwischen Stamm und Ästen beim Baum. Ebenso strukturiert es den Körperbau zahlreicher Lebewesen: vom Grätenskelett der Fische bis zum Körperbau der Säugetiere und des Menschen, deren Wirbelsäule mit den davon abzweigenden Rippen nach dem Kreuzprinzip gestaltet ist. Der Körper des Menschen enthält darüber hinaus das »obere Kreuz« zwischen dem oberen Wirbel und dem Schultergürtel, sowie das »untere« zwischen den Lendenwirbeln und dem Becken. Auch das Gesicht des Menschen ist nach dem Kreuzprinzip angeordnet: Nasen- und Augenpartie einerseits, Nasen- und Mundpartie andererseits sind kreuzförmig einander zugeordnet.

Die Straßenkreuzung bestimmt das Bild unserer Städte, das Straßennetz von den Landstraßen bis zu den Autobahnen. Das Warnkreuz – meist aus diagonalen Balken bestehend – regelt an vielen Stellen den Verkehr, warnt vor allem vor unbeschrankten Bahnübergängen. Älter ist das Wegkreuz, der Wegweiser, der an den Kreuzwegen Orientierung gibt.

Das Rote Kreuz ist international Zeichen für umfassende Hilfsbereitschaft, selbst im Kriegsfall, wo es, im Zeichen des Christentums begründet, die Gegnerschaften durchkreuzen kann. Das weiße Kreuz auf rotem Feld ist die Flagge der Schweiz: wohl vor allem deren Bundescharakter betonend.

In der Mathematik spielt das Kreuzzeichen eine große Rolle: Das quadratische Kreuz wird als das Pluszeichen zum Addieren verwendet, während das Minuszeichen die bloße Waagrechte darstellt. Das Zeichen für Multiplikation ist das Diagonalkreuz. Es handelt sich bei der Benutzung dieser Zeichen natürlich um Übereinkünfte, aber das Kreuzzeichen wird als das Mehr, das über die Horizontale Hinausgehende, empfunden und deshalb für die Rechnungsarten verwendet, die ein Vermehren der Summe durch Addieren oder Multiplizieren anstreben.

Kreuzfahrten werden per Schiff unternommen, kreuz und quer zwischen bedeutenden Hafenstädten des Meeres. Ursprünglicher ist das Kreuzen der Segler gegen den Wind. Sie beschreiben nicht die Kreuzfigur im klassischen Sinne, sondern wenden und nehmen die Gegenrichtung ein: ein Hinweis darauf, dass auch die Linien des Kreuzes jeweils von außen nach innen und von innen nach außen gelesen werden können.

Im Kreuz vereinigen sich konzentrische und exzentrische Kräfte. Es kann nach allen vier Richtungen ausgreifen, kann aber auch alle vier Richtungen in einer Mitte zusammenfassen. Wir benutzen das Kreuzzeichen, um einen Namen anzukreuzen – hierzu meist das Diagonalkreuz –, wir benutzen es auch, um, hinter einen Namen gestellt, anzuzeigen, dass der Betreffende verstorben ist. In unserer Kultur richten wir das Kreuz als Zeichen christlicher Auferstehungshoffnung vor allem auch als Grabkreuz auf.

Als zentrales Symbol des Christentums – heute oft zum Signet verblasst – finden wir es an allen Stellen und Stätten, an denen die Kirche wirkt: auf Kirchtürmen, hier oft noch mit einem Richtungsanzeiger für die »vier Winde« verbunden wie bei der Kirche St. Georg in Konstanz. Wir finden es vor den Altären, aber auch noch in manchem »Herrgottswinkel« in Bauernhäusern und über manchem Bett.

Ich möchte mich nun bei meiner Betrachtung der Symbolgeschichte des Kreuzes vor allem auf das gleichschenklige griechische Kreuz berufen, das – mit oder ohne Kreiseinfassung – dem alten Radkreuz nachgestaltet ist. Es ist ein echtes Symbol, insofern es die Widersprüchlichkeit der Realität in ein übergreifendes Sinnzeichen zusammenfasst. Insofern tendiert es zur Mandalagestalt. Als Vierfaches gehört es in den Bereich der weiblichen Symbole wie das Quadrat. Es hat auch Verbindung zum Symbol des Lebensbaumes. Als uraltes astronomisches Zeichen für die Kennzeichnung der vier Himmelsrichtungen und den Lauf der Sonne durch die vier Jahreszeiten ist es ein echtes altes Wandlungs- und Lebenssymbol, ein Symbol für Rhythmus und Maß.

Das lateinische langschenklige Kreuz weist dem griechischen gegenüber eine Überdehnung, eine Überhöhung der Längsachse auf. Insofern ragt es empor. Die Achse zur Transzendenz hin ist überdehnt im Vergleich zu der Achse, die die Verbundenheit zur Erde, zur immanenten Wirklichkeit angibt. So bezeichnet das lateinische Kreuz, das an das Leidenskreuz Christi erinnert – bevorzugtes Zeichen einer »Leidensfrömmigkeit«, einer »Kreuzestheologie« –, eine gewisse Abgehobenheit von der Erde, eine gewisse Erdenferne, wie sie auch dem überlieferten Christentum vielfach eignet. Im Vergleich zu der Gleichschenkligkeit des griechischen Kreuzes gilt für das lateinische mit seiner überzogenen Längsachse, was Jung über das Rechteck mit seiner überzogenen Querachse (im Vergleich zum Quadrat) sagt: es sei – wenn wir es denn als Mandala, als Sinnzeichen der Ganzheit und deren Meditationsbild betrachten

gleichseitiges Urkreuz, Crux immissa quadrata

lateinisches Kreuz, Crux ordinaria,

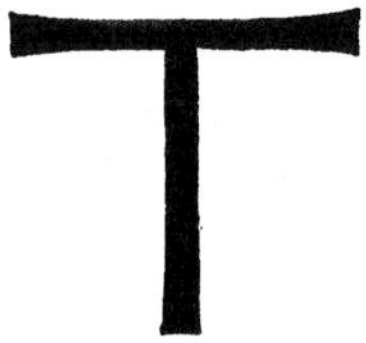

Tau-Kreuz, Crux commissa

aus vier Winkeln gebildetes Gamma-Kreuz

Sonnenrad, in einfacher Form

Sonnenrad, zugleich Monogramm Christi

Andreas-Kreuz, Crux decussata

Monogramm Christi

Sonnenzeichen und Christusmonogramm

Christusmonogramm aufgehende Sonne

ägyptisches Henkelkreuz, Hieroglyphe

Christusmonogramm, zugleich Doppelkreuz

linksläufiges Hakenkreuz mit runden Haken

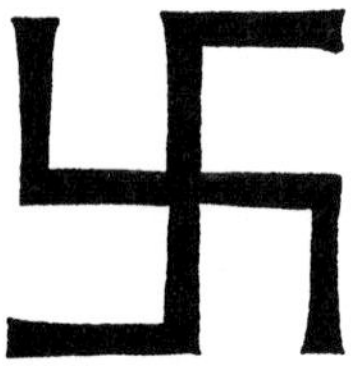

rechtsläufiges Hakenkreuz mit eckigen Haken

erweitertes Hakenkreuz

Lilien- oder Ankerkreuz

Kreuz der orthodoxen Kirche mit schrägem Fußbalken

Gabelkreuz

Ankerkreuz, das Tau-Kreuz enthaltend

wollen – ein »gestörtes Mandala«, eines, das aus der rechten Proportion geraten ist. »Gestörte« Mandalas kommen gelegentlich vor. Dazu gehören alle Formen, die vom Kreis oder Quadrat oder vom gleichschenkligen Dreieck abweichen[4]. Beim lateinischen, in die Höhe gezogenen Kreuz ist die Transzendenzachse ebenso überdehnt wie bei dem in die Breite gezogenen Rechteck die Achse der irdischen Realität. Das lateinische Kreuz drückt bereits durch seine Gestalt eine Leidensspannung, eine »Qual« (C. G. Jung) aus: ein Leiden unter der Überforderung durch die Transzendenz, die, bei dieser Auffassung, die Opferung der Welt und des ihr zugeordneten menschlichen Ich zu verlangen scheint.

Das Kreuz, als Crux quadrata[5] verstanden, ist dagegen als Symbol älter als das Quadrat selbst und ebenfalls durch die Vierzahl charakterisiert. Es steht in frühester Zeit für die vier Himmelsrichtungen, für die Sonne und ihren Lauf durch die vier Jahreszeiten. So bezeichnet die Vier auch die vier Sonnwendpunkte. Insofern ist es ein ausgesprochenes Lebenssymbol, was durch seine symbolische Nähe zum Radkreuz einerseits, zum Swastikakreuz und zum Lebensbaum andererseits nahe gelegt ist.

Es hat zugleich Bezüge zur Zweizahl, zum Unterscheidungs- und Verbindungsprinzip. »Als zweifache Verbindung diametral entgegengesetzter Punkte ist es das Sinnbild der Einheit von Extremen (z.B. Himmel und Erde), der Synthese und des Maßes. In ihm verknüpfen sich Raum und Zeit. Es ist das universalste Symbol der Mitteilung, des Mittlers – lange vor seiner Verwendung in der christlichen Bildsprache.«[6] Außerdem versinnbildlichen die beiden Achsen die Tagundnachtgleichen.

Das Kreuz kann auch als Zeichen für den Scheideweg auftauchen und wird bei einigen afrikanischen Stämmen als der Ort verstanden, wo sich die Wege der Lebenden und der Toten kreuzen[7]. Auch im germanischen Bereich wurden die Kreuzscheidewege als Treffpunkte zwischen Menschen, guten und bösen Geistern, auch Hexen, vorgestellt. Auch dies war ein Grund dafür, an Wegkreuzungen als Abwehrzauber Steine und christliche Kreuze aufzurichten[8].

In Asien wird – in der Tradition des Taoismus – die vertikale Achse des Kreuzes als Symbol des aktiven, dem Himmel zugeordneten Prinzips verstanden, also des männlichen Prinzips; während die horizontale Achse den passiven Kräften des Wassers, also dem weiblichen Prinzip, entspricht. Nach dieser Auffassung würde eine Überdehnung der Längsachse ein Dominieren der männlichen Yangkraft über das weibliche Yinprinzip bedeuten. Die dementsprechende Form, das lateinische Kreuz, ist bezeichnenderweise innerhalb des Taoismus nicht bekannt.

Antoni Tapies, Grund-Form (Detail), 1985
Mit den Schuhen als Wegzeichen der Erdenwanderung und dem Kreuz als Ziel- und Endzeichen des menschlichen Lebensweges setzt Tapies ein Symbol für die Grund-Form" unserer Existenz.

Das vielleicht früheste Kreuzzeichen, das einem Kreis eingeschriebene Kreuz, galt dagegen als Vermittlung von Quadrat und Kreis und betonte damit ein weiteres Mal die Verbindung von Himmel und Erde: »Es ist ein Symbol des Mittelpunktes, des Ausgleichs von Aktivität und Passivität, des vollkommenen Menschen.«[9] Als Speiche betrachtet, ergeben die vier Kreuzesarme im Kreis das alte Sonnensymbol des Rades, das wir ebenso bei asiatischen wie bei indogermanischen Völkern finden. Bei den Assyrern war das Kreuz auch ohne umgebenden Kreis Sonnensymbol.

Das Swastikakreuz, später zum Hakenkreuz umgestaltet, ein altes Feuer- und Sonnensymbol, vermittelt den Eindruck des Rotierens. Auch als ein Liebessymbol, Vereinigungssymbol, in dem sich die Leiber zweier Menschen verbinden, kreuzen, wird das Kreuz, speziell das Swastikakreuz, neuerdings angesehen.[10]

Das Christentum übernimmt das Kreuz als Lebens- und Lichtsymbol, das Christus als das »Licht der Welt« bezeichnet.

Die früheste Bedeutung soll die des »Zeichens am Himmel«, des in Bälde erwarteten wiederkommenden Christus, gewesen sein. Doch bringt die frühe Kirche das Kreuzzeichen bald auch mit dem Gedächtnis an den Kreuzestod Christi in Verbindung, damit mit Leiden und Tod, freilich auch mit der Auferstehung und der Hoffnung auf Vollendung des Menschen. So wird das Kreuz zum Symbol des Christentums schlechthin. Es wurde allerdings unter größerer Zurückhaltung eingeführt, als es heute allgemein bewusst ist, da in der antiken Vorstellungswelt der Kreuzestod, gar eines Gottes, als äußerst anstößig galt. Immerhin wurde das symbolische Kreuzzeichen früher verwendet als die Darstellung des Gekreuzigten selbst. In der christlichen Kunst erscheinen vielfältige Formen des Kreuzes, am häufigsten jedoch das griechische, später im Westen fast ausschließlich das lateinische Kreuz. Das griechische Kreuz bestimmt den Grundriss vieler byzantinischer und syrischer Kirchenbauten, gestaltet sie damit zu Zentralbauten mit kosmisch-allumfassender, zugleich weiblicher Symbolik, wie die Hauptkirche der östlichen Christenheit, die Hagia Sophia, die der heiligen Weisheit geweiht ist, eindrucksvoll beweist. Wenn man in der Mitte dieses gewaltigen Kirchenraumes steht – heute zur Moschee umgewandelt –, geraten über den klassisch ausgewogenen Proportionen die riesigen Ausmaße in Vergessenheit, sie werden unauffällig: Der Zentralbau mit der weiten Kuppel, der sich über dem Grundriss des griechischen Kreuzes erhebt, umfängt einen wie ein mütterlicher Schutzraum, wie ein weiter Mantel; zugleich erhebt er sich durch seine Höhe – hier wird auch die Längsachse, die mit dem Kreuz bewusst gegeben ist, spürbar – weit über den bloßen Höhlencharakter eines chthonischen Mutterheiligtums, wird zum Symbolbau einer weiblichen Geistigkeit, wie sie sich in der – in der Ostkirche hochverehrten – »Sophia« darstellt.

Das lateinische Kreuz charakterisiert dagegen den Grundriss romanischer und gotischer Kirchen. Die dominierende Längsachse führt hier dazu, einen langen Weg vom Eingang durch die Hallenkirche bis zum Altar nehmen zu müssen, der, ehe man ins Allerheiligste tritt, noch vom Querschiff durchkreuzt, durchschnitten wird. So entsteht eine Rangordnung von hinterem und vorderem Raum. Die Gestalt des Weges, des Kreuzweges und des Leidens auf dem Wege zu Gott ist diesen

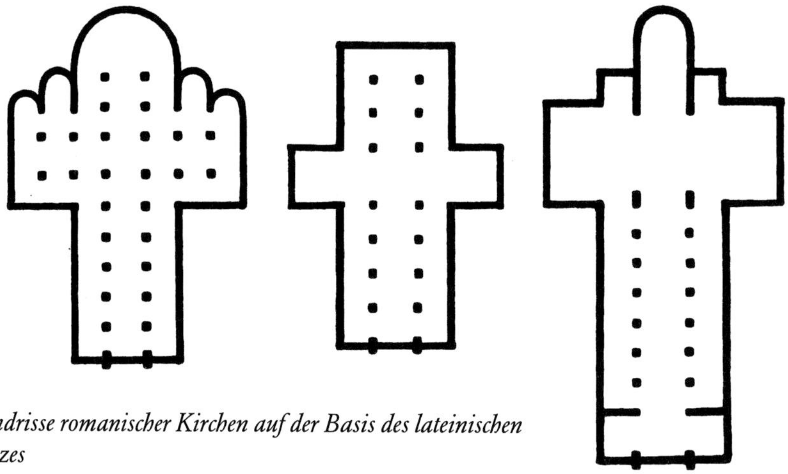

Grundrisse romanischer Kirchen auf der Basis des lateinischen Kreuzes

Kirchenbauten und der ihnen entsprechenden Frömmigkeit – bei aller bestechenden Schönheit dieser Bauten – unübersehbar eingeprägt.

Neben der Bedeutung als Sonnenzeichen war eine zweite Hauptbedeutung des Kreuzes – ohne bergenden Kreis – die eines Zeichens für den Menschen selbst. In den prähistorischen Höhlen sind diese Zeichen in großer Häufigkeit zu finden: entweder gänzlich abstrakt oder so, dass die Gliedmaßen des Menschen noch in dem geteilten Hauptstamm zu erkennen sind. In der archaischen chinesischen Schrift ist das Zeichen für Mensch von einer kreuzartigen Figur, deren Kreuzesschaft gespalten ist, gebildet; hier werden die beiden Beine des Menschen erkennbar. In dem so genannten Zykladen-Idol ist der kreuzgestaltige Mensch mit geschlossenen Beinen dargestellt. Hierdurch drückt sich auch aus, dass er mental noch ganz als stammesgebunden, noch nicht als Einzelperson auf »eigenen zwei Beinen« aufzufassen ist.

Eine weitere uralte Kreuzgestalt ist die Darstellung des Menschen mit ausgebreiteten Armen. Man darf annehmen, dass es sich um eine uralte Gebärde des Stehens vor der Gottheit handelt. Auf Felsbildern und Eingravierungen – in der Sahara, der nubischen Wüste, in Marokko oder Spanien – erscheint diese Haltung bereits in prähistorischer Zeit. Wir finden sie auf ägyptischen Tempelbildern, aber auch im Indusgebiet. Assyrer und Babylonier bezeichneten diese Geste als: die Hände gegen Gott ausstrecken. Ob als Zeichen für Mensch schlechthin oder zugleich als »Mensch vor seiner Gottheit«; das Kreuz bildet eines der urtümlichsten Zeichen für die menschliche Existenz.[11]

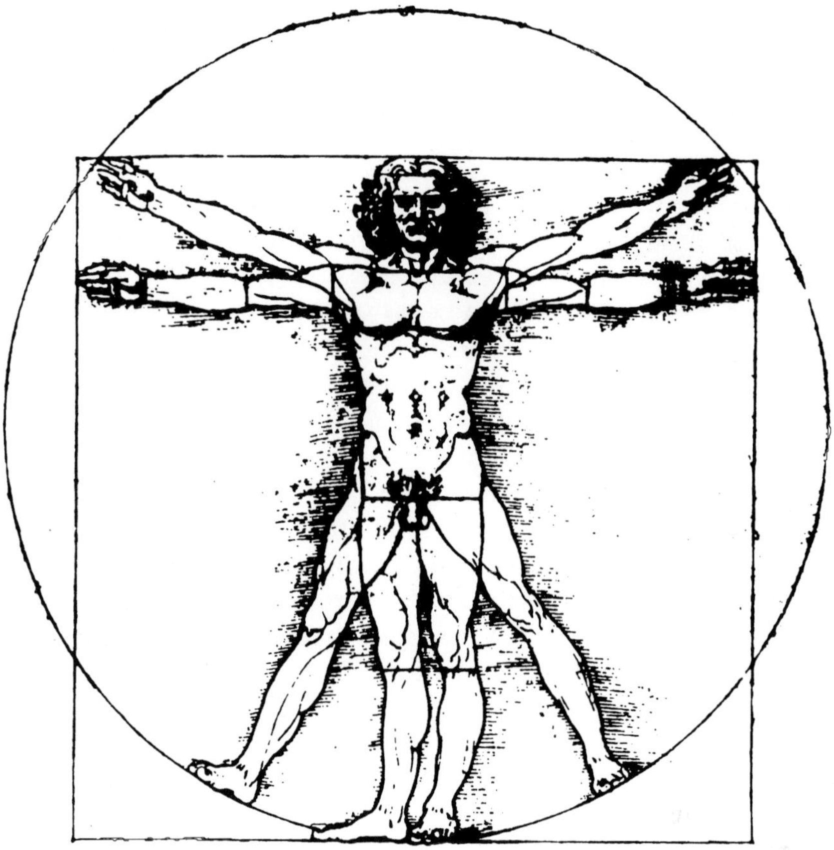

Leonardo da Vinci – Proportionen des Menschen, um 1485

Das Kreuz in seiner existenziellen und psychologischen Bedeutsamkeit

»Gerade wegen der tiefen im Gang befindlichen Umgestaltung steht in unserer phänomenalen Sicht der Welt das Kreuz noch immer aufrecht. Und es richtet sich sogar in der Menschheit auf. An ihm kann und muss sich weiterhin mehr denn je die Scheidung vollziehen zwischen dem, was aufsteigt, und dem, was absteigt. Jedoch nur unter einer Bedingung: dass nämlich, indem es sich zu den Dimensionen eines neuen Zeitalters ausweitet, es sich uns nicht mehr vor allem (oder sogar ausschließlich) als das Zeichen des Sieges über die Sünde darstellt, sondern endlich seine Fülle erreicht, indem es das dynamische und vollständige Symbol eines Universums im Zustand personalisierender Evolution wird.«[12] Teilhard de Chardin entwickelt hier eine neue Perspektive des

Kreuzes, von der mehr statischen Sicht zu einer dynamischen hinüberweisend: »Das Kreuz ist nicht nur Symbol der dunklen regressiven Seite . . . , sondern auch vor allem der erhabenen und lichten Seite des in Genese befindlichen Universums«[13], des Universums, das – durch Vereinigung der in ihm enthaltenen Gegenkräfte und Gegensätze – seine höchsten Möglichkeiten erst noch gewinnt und freisetzt. Alfons Rosenberg nennt es in seiner – ebenfalls die traditionell-christliche Interpretation überschreitenden – Studie zur »Kreuzmeditation – die Meditation des ganzen Menschen«[14], das »Menschheitskreuz« oder »das Kreuz der Wirklichkeit«. Er beschreibt, dass es in diesem Zeichen darum gehe, sich die Vierheit, die damit gemeinte Ganzheit der Wirklichkeit, die auch unserem Körper signaturhaft eingeprägt ist, anzuverwandeln, denn es gehe nicht darum, das Kreuz nachzuahmen, sondern »das Kreuz zu werden«. Verstehen wir das Kreuz als eine Form, unter der der Mensch sein Dasein – und seine zugehörigen Emotionen – fasst und gestaltet, so begreift Rosenberg es vor allem in seiner Polarität, seiner Gegensätzlichkeit – zwischen dem, was die Waagrechte als Ebene der Immanenz, und dem, was die Senkrechte als Dimension der Transzendenz bedeuten, und er sieht im Kreuzsymbol ein Zeichen für die Aufgabe, diese beiden Polaritäten zusammenzubringen. Im Kreuz sind beide Gegensätze in einer anschaulichen Gestalt zusammengefügt.

Zur Existenzerfahrung im Zeichen des Kreuzes gehört immer auch die, dass es mit dem Leben »ein Kreuz« ist, dass die bisherige Lebensrichtung »durchkreuzt« werden kann, dass Beruf, Beziehungen, auch Pläne für die Zukunft, Lebensentwürfe überhaupt, durchgestrichen werden können. So gehört zum Kreuz die Erfahrung des Scheiterns, die Erfahrung, dass es eine Gegenbewegung zu der Richtung gibt, in der wir unser Leben bewusst steuern.

So berichtet mir eine heute vierzigjährige Frau, dass sie – damals Anfang Zwanzig – erst nach einer Sportverletzung an der Wirbelsäule eine ehrgeizige, alle Kräfte beanspruchende, nach außen gewandte Lebensrichtung als Leistungssportlerin aufgeben und sich einem geistigen Beruf zuwenden konnte. Hier zeigt gerade die Figur des Kreuzes, dass an die Stelle der durchkreuzten Lebensrichtung, in diesem Falle der Vertikalen, nicht einfach das Nichts tritt, sondern eben die Gegentangente, die Beziehungsachse auf das geistig Transzendente hin. Sie kann erst jetzt voll in Kraft treten.

Ebenso kann ein verfrühter und einseitiger Bezug auf die Transzendenzachse durchkreuzt werden, wie zum Beispiel bei einer Diakonisse, die, mit achtzehn Jahren in ihr damaliges Mutterhaus eingetreten, erst nach schwerer psychosomatischer Krankheit in ihren vierziger Jahren erkannte, dass sie die horizontale Achse ihres Lebens, ihre Körperlichkeit und erotisch-sexuelle Beziehungsfähigkeit, lebensgefährlich vernachlässigt hatte. Daraufhin schlug sie eine neue Lebensrichtung als freie Schwester mit neuen Möglichkeiten der Selbstverwirklichung in Beruf und Beziehung ein.

Die radikalste aller Gegenrichtungen zu unserem Leben ist der Tod, der senkrecht, von oben kommend, wenn wir ihn als Geschick aus der Transzendenz kommend verstehen, oder »von unten« hervorbrechend, wenn wir ihn als Schicksal aus unserer Körpersphäre hinnehmen, unser Leben, unsere Lebendigkeit durchkreuzt und durchstreicht. Doch selbst dem Tod gegenüber haben wir vom Sinnzeichen des Kreuzes her die Möglichkeit, ihn nicht ausschließlich als Vernichtung und Abreißen unserer horizontalen Lebenslinie zu betrachten, sondern vielmehr als einen Übersprung oder ein Hinübergetragen-Werden auf die Vertikale, die Transzendenzlinie, die unser Leben im wahrsten Sinne des Wortes kreuzt. Es stellt sich dann heraus, dass diese Transzendenzachse bei rechtem Verständnis des »Todes im Leben« unsere Lebensachse immer schon gekreuzt hat. Für diese Möglichkeit, den Tod als Transzendenzbezug im Leben mitleben zu lassen, stellt das Kreuz ein überzeugendes Zeichen dar. In diesem Sinne ist letztlich auch das christliche Kreuz, das Kreuz und Auferstehung zusammennimmt, zu verstehen, das wir deshalb mit Grund auch als Zeichen auf den Gräbern aufrichten.

Da der Mensch in seiner Körpergestalt selbst die Kreuzstruktur in sich trägt, erfährt er die Aufgabe, Senkrechte und Waagrechte zusammenzubringen, nicht nur als äußere Aufgabe, sondern als innerste Intention seiner Arbeit an sich selbst: »Werde, der du bist.« Da er dieser Wesensaufgabe immer nur annähernd gewachsen und auch unter bestimmten Zwängen unserer Zivilisation vielerlei Verbiegungen und Verfälschungen seiner ursprünglichen kreuzförmigen Gestalt ausgesetzt ist, gilt es heute, neue Wege und Formen eines Umgangs mit der Kreuzgestalt unserer Existenz zu finden. Alfons Rosenberg entwickelt in diesem Zusammenhang seine »Neue Kreuzesmeditation« – im Gegensatz zu der alten Kreuzesmeditation der Mystik, die den Körperbereich weitgehend ausschaltete –, in der es ihm darauf ankommt, in das Kreuz hineinzuwachsen, das wir gerade in unserer Körperlichkeit und unserer dementsprechenden seelischen Wirklichkeit immer schon selbst darstellen: »Denn der Mensch ist kreuzförmig gestaltet – sein Fleischesleib ist am Kreuz seines Skeletts aufgehängt. Das Kreuz ist darum sein leibliches und, da sich der Geist im Leibe abbildet – auch sein geistiges Richtmaß.«[15] Wieweit der Mensch dieses körperliche und seelisch-geistige Ausgespanntsein in die Vierheit, in die Ganzheit seiner Möglichkeiten also, verwirklichen kann, wird sich zuerst in seiner Körperhaltung erweisen, der zugleich seine seelischen und geistigen Unausgeglichenheiten wie auch seine Ausgewogenheit entsprechen: »Als Zeichen des Heilen und Vollendeten macht es die jeweiligen Mängel, die Art der Ergänzungsbedürftigkeit offenbar. Es wird dadurch zum Maßstab für den jeweiligen Stand des Menschen, für seine leibliche und seelische Zuständlichkeit.«[16]

Bei unserem Versuch, die Grundformen auch bestimmten Strukturtypen des Menschen – zum Beispiel den von Fritz Riemann vorgeschlagenen – zuzuordnen, entspräche die Kreuzgestalt am besten dem schizoid Strukturierten. Er nimmt die Spaltungen innerhalb der Wirklichkeit und in sich selbst mit hoher Sensibilität wahr und weigert sich, sie billig zu harmonisieren. Es fällt ihm freilich auch mehr als schwer, sie bewusst zu integrieren. Die Gegensätze von Senkrechter und Waagrechter, die im Kreuz enthalten sind, bleiben für ihn als schroffe Antithetik bestehen. Sie schneiden sich nur an einem Punkt, bilden nicht zuletzt eine geschlossene Gestalt miteinander wie bei einem Quadrat. So entspricht die Form des Kreuzes seinem Erleben der Realität in ihrer Gespaltenheit in widerstreitende Kräfte, die sich nur gelegentlich, punktuell einmal begegnen.

Sein Integrationsvermögen ist gering, er besteht die Spannungen nur, indem er das jeweils Unverträgliche abspaltet, verdrängt, abwertet. Auch seine Kontakte sind nicht kontinuierlich, finden eher zufällig und momenthaft statt – was nicht ausschließt, dass er immer wieder auf sie zurückkommt.

Die Antithetik des Kreuzes bildet seine eigene Gespaltenheit ab, vermöchte sie aber auch zu verbinden und zu heilen, wenn sich der schizoid strukturierte Mensch wirklich auf die Gestalt dieses Zeichens einlassen könnte: auf das »Kreuz der Wirklichkeit« und auf das »Kreuz der Körperlichkeit«, das sich ja in unserem Körperkreuz abbildet. Gerade das Körpergefühl und das Sich-Einlassen auf alles Konkrete sind ihm aber im Allgemeinen besonders fremd. Im Zulassen des Schmerzes, im Leiden unter seiner Gespaltenheit könnte er – der sich oft in abspaltende Fühllosigkeit flüchtet – sich selbst wieder spüren, sich selbst wieder finden.

In diesem Sinne soll die Gestalt des Kreuzes auch durch Körpererfahrung meditativ umkreist werden. Meditation bedeutet dabei »Einübung eines seelischen oder geistigen Gehaltes«. Als Meditation wird die »Umkreisung eines dem Menschen vorgegebenen und zugleich zu erstrebenden Zieles oder Zustandes durch innere Vorstellung, durch Gebärde oder Bewegung bezeichnet«[17].

Besonders anschaulich zeigt Alfons Rosenberg – einer Anregung von Helmut Stolze aus dem Zusammenhang der konzentrativen Bewegungstherapie folgend – in einer »Tabelle der Fehlhaltungen«[18] die jeweils möglichen Einseitigkeiten und Überbetonungen der Kreuzproportionen auf, wie sie sich leiblich, aber auch seelisch-geistig niederschlagen können. Ich möchte sie hier – mit einigen ergänzenden Figuren – wiedergeben. Dabei erweitere ich Rosenbergs Erläuterungen zu den Figuren durch einige eigene Überlegungen:

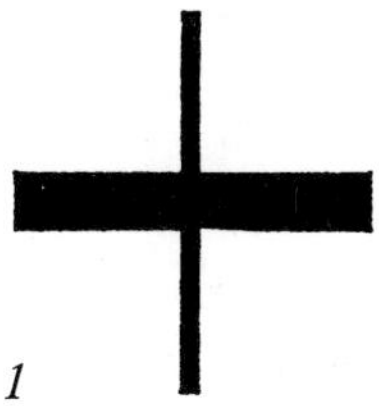
1

Figur 1 weist eine Überbetonung der Querachse auf und damit im Daseinsverständnis des betreffenden Menschen ein Vorherrschen von Erd- und Körperverbundenheit, einer Bezogenheit auf alles Gemeinschaftliche; diese Figur stellt gleichsam eine Überbetonung der quasi weiblichen Achse dar. Dies kann bedeuten, dass der entsprechende Mensch, unter Vernachlässigung der Vertikalen, dem Dinglich-Konkreten des bloßen So-Seins, den biologischen Bedingtheiten des Daseins die zentrale Rolle einräumt.

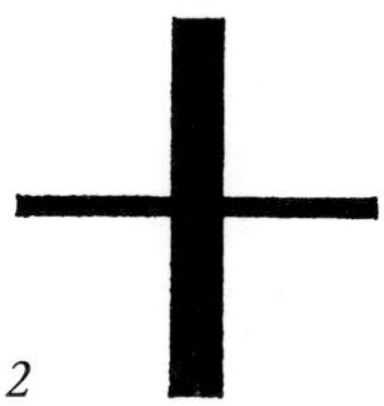
2

Figur 2 zeigt demgegenüber eine Überbetonung der Längsachse und damit das intensive Streben des betreffenden Menschen über alles Irdisch-Bedingende hinaus, einen Zug zum Geistig-Tranzendenten hin, eine Neigung zu aktiv-schöpferischer Unruhe. Es handelt sich um eine Überbetonung der quasi männlichen Achse des Daseins. Dies bedeutet, dass der oder die Betreffende dazu tendiert, aus irdischen Bindungen und Bedingungen auszusteigen zugunsten eines immer weiter über sich und die Bedingungen Hinaus-Drängens, zugunsten reiner Geistigkeit oder Religiosität. Charakteristisch für dieses Daseinsverständnis ist, unter Vernachlässigung der Querachse, eine Entsinnlichung des Denkens, eine unrealistische Begeisterungsfähigkeit, gleichsam eine mehr männliche Lebenseinstellung.

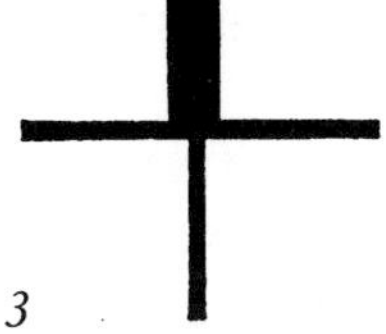
3

Figur 3 wirkt noch einseitiger als Figur 2. Sie stellt unter den vier Armen des Kreuzes nur den oberen Arm der Längsachse bewusst und betont dar. Dieser Einstellung entspricht eine noch höhere Abstraktionsstufe in Bezug auf alle Bereiche des Lebens, die von nichts Materiell-Körperlichem mehr angefochten werden soll. Dies bedingt asketisches oder gleichsam nur mathematisches Verständnis des Kosmos und des Lebens. Es kann daraus ein weitgehender Verlust der Erd- und Körperbezogenheit folgen, eine abgespaltene Intellektualität, die auch im Bereich des Religiösen und Theologischen abstrakt denkt. Ein Mangel an Bezogenheit im mitmenschlichen Bereich wird kaum zu vermeiden sein.

4

Figur 4 zeigt eine ebenso große Einseitigkeit im Blick auf den unteren Teil der Längsachse: Nur sie wird betont. Diese Ungleichgewichtigkeit im Blick auf die Beziehung zwischen oben und unten, zwischen Lebenspraxis und theoretischem Höhenflug, ergibt hier eine Gewichtung zugunsten der Praxis und der Interessengebundenheit des Geistigen, woraus sich spezielle »Gebundenheiten« auch der geistigen Lebenseinstellung ergeben: infolge der Zweck- und Interessenbindung eine Neigung zum Ideologisieren einerseits, eine Überbetonung der Tradition andererseits.

5

6

Wenn wir nun den rechten oder linken Arm der Querachse überbetonen, ergibt sich in Figur 5 eine vor allem im Blick auf das aktive Handeln nach draußen, zum Du und zur Welt hin gelebte Erdverbundenheit, eine akzentuierte »Rechtshändigkeit«, während Figur 6 die Erdverbundenheit mehr im Blick auf passives Verhalten und Verharren in Tradition und Sitte darstellen kann, aber auch – das müsste der Zusammenhang klären – den Bezug zum Unbewussten, zur Innenwelt, als »Linkshändigkeit«.

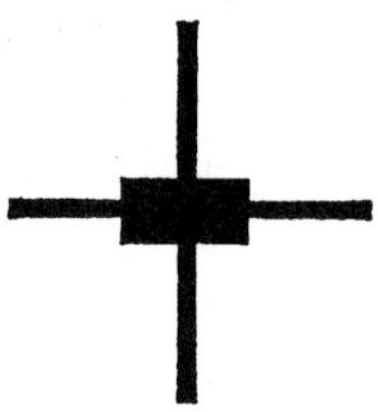

7

Rosenberg führt noch vier weitere Figuren an, von denen Figur 7 eine Überbetonung des Ichzentrums zugunsten aller vier Bezüge auf das größere Ganze, also auch auf die menschlichen Beziehungen darstellt, Figur 8 dagegen, mit ihrer Betonung der Außenbezüge an der Querachse – unter Vernachlässigung der Mitte und der Längsachse –, den Gegenpol, die äußerste Hingabe an die Gemeinschaft beschreibt, die als einzige Realität empfunden wird. Bei dieser Konstellation wird die Außenwelt, werden die Verhältnisse überbetont, und es besteht daher eine Tendenz zur Ideologisierung des Sozialen.

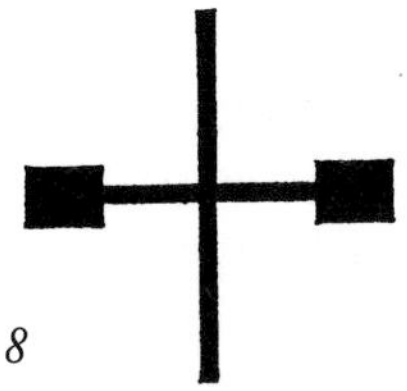

8

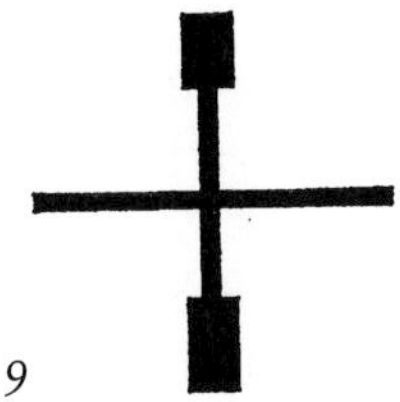

9

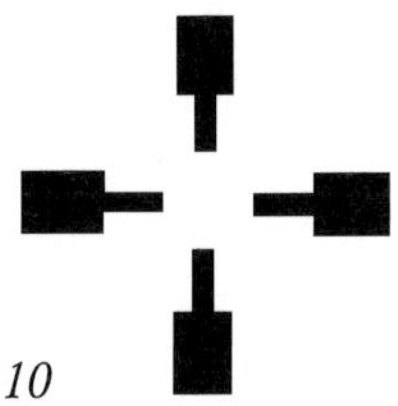

10

Werden nun, wie in Figur 9 dargestellt, die beiden Außenpole der Längsachse betont – wiederum unter Vernachlässigung der Mitte und der Querachse –, so spielt in der Wahrnehmung und Lebensgestaltung des Betreffenden die Polarität des Daseins eine extreme Rolle, die sich bis zu einer dualistischen Weltanschauung steigern kann. Hier findet sich häufig eine Unvereinbarkeit der Trieb- und der Geistsphäre, eine Spaltung zwischen beiden, die den Menschen einerseits zwanghaft-triebhaft, andererseits asketisch-religiös sein lässt.

Anschaulich zeigt auch Rosenbergs letzte Figur 10, wie eine Betonung aller vier Außenpole der Achsen vorhanden sein kann, bei zugleich unbetont, das heißt unbewusst bleibender Mitte: Gerade die Kreuzung, der Schnittpunkt der Linien, die Integration der Gegensätze im Zentrum des Menschen wird hier noch nicht vollzogen; diese Möglichkeit von Zentrierung ist noch nicht realisierbar. Wir finden in diesem Zeichen Menschen, die die Gegensätze noch nicht vereinen können, so bleiben sie ablenkbar, zerfahren, allen Außeneinflüssen offen. Im günstigsten Fall halten sie sich offen nach allen Seiten, bewahren Kontakt nach allen Richtungen, auch wenn sie vorerst die wechselnden Perspektiven, Kräfte und Beziehungen noch nicht integrieren können.

Es ist aufschlussreich, das lateinische Kreuz mit seiner Verlängerung der Längsachse noch einmal unter den hier gewonnenen Kategorien zu betrachten. Mit seiner Überbetonung der Vertikalen bildet es eine Figur, in der das Männlich-Patriarchale dominiert. Interessant ist die Beziehung des lateinischen Kreuzes zu den Figuren 2 – 4, welche die Längsachse übergewichten. Rosenberg schreibt zu Figur 4, sie bedeute: »Negativ: infolge geistiger Zweckgebundenheit Neigung zu Ideologie, Depression, Überschätzung des Herkömmlichen. Positiv: Zweckgebundene, ›vernünftige‹, auf praktisches Tun ausgerichtete Geistigkeit.« Hier ist ausgedrückt, was geschah, als das Kreuz in den Dienst der sich institutionalisierenden Kirche gestellt wurde. Es wurde für deren Zwecke, »zweckgebunden«, eingesetzt. So widerfuhr diesem Zeichen eine Zweckentfremdung, eine theologische Ideologisierung, die gerade verwischte, dass es sich ursprünglich um ein kosmisches Integrationszeichen handelt, das vor allem anderen die Ganzheit meint.

Rosenberg belässt es im Rahmen seiner »Neuen Kreuzesmeditation« nun nicht bei der Veranschaulichung möglicher Fehlhaltungen und Fehleinschätzungen im Blick auf die ursprüngliche Bedeutung des Zeichens, sondern er schlägt eine Reihe von meditativen körperlichen Übungen vor, die der Einfühlung in die Kreuzstruktur des Körpers dienen. Unter diesen Übungen ist diejenige, die mit ausgestreckten Armen dargestellt wird, vielleicht am anschaulichsten und vermag Rosenbergs Intention am deutlichsten zu zeigen: »Auch wenn der Mensch seiner Skelettstruktur nach kreuzförmig gebaut ist, wird er dessen erst inne, wenn er die Arme in diese Form einbezieht, indem er sie horizontal ausstreckt. Dies geschieht aber gemeinhin nicht im Alltag, sondern nur in ungewöhnlichen Situationen. Im Verlauf der Kreuzmeditation wird dies jedoch bewusst. Es gehört da zu den eindrucksvollsten Erlebnissen, wenn der Übende durch seine ausgestreckten Arme seine Kreuzgestalt wahrnimmt und sie nicht nur physisch, sondern auch mental entdeckt und dadurch genötigt wird einzusehen, dass er bisher wie die meisten Menschen eindimensional gelebt hat, indem er die Gegenrichtung zum jeweiligen Standort, ohne welche diese nicht einzuhalten ist, nicht zur Geltung kommen ließ. Man muss am eigenen Leib erfahren, dass erst die Zusammenfügung der Gegensätze eine lebendige Figur ergibt.«[19] Bei dieser Übung – die von der bewussten Kontaktaufnahme der Füße zum Boden her aufgebaut wird, wobei der Übende den »Lebensstrom« von der Erde aus über Füße und Becken bis zu einem Punkt zwischen den Schulterblättern aufsteigen und schließlich in Arme und Hände ausströmen lässt – ist es Rosenberg besonders wichtig, dass dieser Strom nicht in den Fingerspitzen endet, sondern über sie hinaus in den »offenen Kraftstrom der Brüderlichkeit« einmündet, den die Horizontale bildet – »wie ein Äquator, der den geistigen Raum des Kosmos umrundet und wieder in sich selber zurückkehrt«[20]. Wer durch die ausgestreckten Hände (die antike und altchristliche Gebetshaltung) den Lebensstrom in die Welt schickt, trifft dort auf den Lebensstrom der Mitmenschen.

Exkurs

Es gibt, abgesehen von der Kreuzesmeditation, sehr alte Gesten in der Christenheit, die Kreuz und Körper in enge Beziehung zueinander setzen. Die Geste des Sich-Bekreuzigens – übrigens auch vorchristlichen Ursprungs – wurde sehr früh und mit vertieftem Gehalt von der Christenheit übernommen. Die Annahme, das Kreuzzeichen sei eine Erinnerung an das Kreuz von Golgatha, stammt aus späterer Zeit. Ursprünglich repräsentierte das Kreuz das »Zeichen des Menschensohns«, der auf den Wolken des Himmels zum Gericht und zur Erneuerung der Welt erscheinen werde. Diese frühchristliche Hoffnung fand Ausdruck auch im Sich-Bekreuzigen. Es ist eine Weihe- und Segensgeste, die nicht nur die jeweilige Person, sondern alle Dinge der Schöpfung auf Christus zu beziehen sucht. Das Kreuz wurde zunächst von etwa 250 nach Christus an auf die Stirn, später auf Stirn, Mund und Brust gezeichnet, bis das »große lateinische Kreuz« aufkam, das von der Stirn zur Brust und von der linken zur rechten Schulter (innerhalb der orthodoxen Kirche von rechts nach links) geschlagen wird. Der katholische Theologe Rornano Guardini beginnt sein kleines Buch »Von heiligen Zeichen« mit einer Anleitung, dieses – oft gedankenlos geschlagene – Kreuzzeichen bewusst zu vollziehen: »Ein rechtes Kreuzzeichen, langsam, groß, von der Stirn zur Brust, von einer Schulter zur andern. Fühlst du, wie es dich ganz umfasst? ... Alle Gedanken und dein ganzes Gemüt sammle in dies Zeichen, wie es geht, von der Stirn zur Brust, von Schulter zu Schulter. Dann fühlst du es: ganz umspannt es dich, Leib und Seele, nimmt dich zusammen ... Wozu? Es ist das Zeichen des Alls und ist das Zeichen der Erlösung.«[21] Auch Guardini sieht im Kreuz über das Zeichen der Erlösung im engeren christlichen Sinne hinaus das Zeichen des Alls. Die christliche Perspektive der Welt muss sich von ihrer Fixierung auf das Kreuz von Golgatha lösen und wieder kosmische Weite gewinnen, sonst bleibt sie hinter ihren Ursprüngen, vor allem aber hinter dem zurück, was heute Weltperspektive bedeutet, Mehr-Perspektivität, Polyperspektivität. Die Körperlichkeit des Menschen und aller Dinge einzubeziehen wäre dabei etwas vom Wichtigsten.

Eine weitere uralte vorchristliche Ehrfurchtsgebärde, die das Körperkreuz ernst nimmt, ist die Gebetshaltung mit ausgebreiteten Armen. Es ist die bei vielen Völkern am meisten verbreitete Gebetsgebärde überhaupt, die man als Orantenstellung bezeichnet hat. Die Arme werden dabei entweder schräg nach oben erhoben oder auch waagrecht nach den Seiten ausgestreckt, gerade oder auch leicht abgewinkelt, die Hände werden meist nach oben, in späterer Zeit auch nach vorne gewandt. Auf Felsbildern und Felsritzungen von der Sahara bis zur Indusgegend findet sich diese Haltung. Auch heutige Stammeskulturen wie die Sioux-Indianer, die Eskimos, die afrikanischen Massai und die Ureinwohner der Hawaii-Inseln kennen diese Geste. Auch Griechen und Römer erhoben zur Anrufung der Götter ihre Hände. Es war der Gebetsgestus

Betende Maria (Orantin) – Vergoldete Glasschale, Rom, 4. Jh.

der Juden als unmittelbaren Vorgängern der christlichen Gemeinden, von der die Psalmen an vielen Stellen sprechen (134,2; 63,5; 141,1; Jesaja 1,10). Im gesamten Mittelmeerraum stand man mit erhobenen ausgebreiteten Händen vor der Gottheit. Die Christen übernahmen diese Haltung unbefangen. Der Wüstenvater Makarios antwortet auf die Frage, wie man beten solle: »Es ist nicht notwendig, hierbei viele Worte zu machen, es genügt, die Hände zu erheben.«[22]

Das Stehen mit ausgebreiteten Armen, in freier Haltung und mit freiem Atem ist weit mehr als eine Bittgebärde. Es ist das Stehen des Menschen vor seiner Gottheit (seiner Göttin, seinem Gott) und – psychologisch verstanden – das Stehen vor seiner Vision des größeren Selbst, letztlich des Alls. Es ist, dies sei über der großen Vision nicht vergessen, zugleich das Stehen in Erwartung eines geliebten Menschen, bereit, ihn innig zu umfangen.

Als die Geste von der Christenheit übernommen wurde, verstanden die Lehrer der Alten Kirche die ausgestreckten Arme und Hände als leibliche Darstellung des Glaubens und der Hoffnung, nicht nur mit Christus »gekreuzigt« zu sein, sondern auch mit ihm aufzuerstehen und vollendet zu werden. Die alten christlichen Väter waren gewiss, dass das Kreuz nicht nur ein Zeichen des Leidens, sondern auch der Fülle sei: ein »Mutterschoß der Ganzmachung«[23]. Bedeutsam erscheint mir hier auch die weibliche Symbolik des Kreuzes, die, wie wir schon bemerkten, bereits in seiner Vierheit angelegt ist. Im Laufe des 2. Jahrhunderts finden wir, seit der Katakomben-Malerei, den Gestus der ausgebreiteten Arme vor allem im Typus einer Frauengestalt, der Orantin.

Leider wich im Laufe der kirchengeschichtlichen und kirchenrechtlichen Praxis dieses »freie Stehen der Gottesfreunde vor Gott«[24], wie Rosenberg es nennt, dem Knien und Hände-Falten, Gesten, die eher der Haltung von Untertanen als der von Freien entsprechen. Die freie Orantenhaltung wich der des demütigen, gleichsam »gefesselten« Frommen, der die Anbetung kniend und mit gefalteten Händen darbringt. Das Falten der Hände beruht auf einer altgermanischen Sitte: Der Vasall hielt seine gefalteten Hände dem Lehnsherrn hin, damit dieser ihm das Lehen gewähre und seine Dienste annehme. Dass nur der Priester am Altar die alttestamentliche Kreuzgebetshaltung beibehalten durfte, während für Laien während des Gebets das Knien vorgeschrieben wurde, zeigt, dass die Wandlung des Gebetsgestus auch mit einer schroffen Scheidung des Klerus von den Laien zusammenhing.

Zusammenfassung

Es charakterisiert also das Kreuz vor allem, dass es, und zwar zu gleichen Teilen, die Horizontale und die Vertikale miteinander verbindet, so dass eine einheitliche integrierende Figur entsteht: Der Mensch er-

Stehende Linie – liegende Linie – Kreuz

lebt sich als zwischen beide gespannt, ausgespannt. Um zu begreifen. was hier verbunden wird, können wir uns zusammenfassend noch einmal klarmachen, was einerseits mit der Horizontalen, andererseits mit der Vertikalen existenziell ausgedrückt ist.

Die Horizontale als Linie der Fläche verbindet rechts mit links nach dem Vorbild des Horizontes, der je nach dem Standort des Betrachters höher oder tiefer liegen, über den aber grundsätzlich keiner hinausgehen kann. Durch diese optische Begrenzung entsteht die Vorstellung eines endlichen Raumes, in dem wir hier und jetzt geborgen und auch gefangen sind. Die Horizontale gleicht damit einer Art Bühne des Lebens, auf der alle Elemente, Landschaften und Figuren sich gleichberechtigt nebeneinander reihen. Die Horizontale hat etwas Verbindendes, Zusammenfügendes und hat damit teil an der »venushaften Bindekraft des Daseins«[25], in dem sich das Weiblich-Verknüpfende und Mütterlich-Hegende ausdrücken. Eine weibliche Lebensanschauung gleichsam stellt sich in der Horizontalen dar. Sie ist das tragende Element des Kreuzes, ruhend, koordinierend. Sie gleicht der Erde, die alles, was auf ihr wachsen will, nährt und großzuziehen sucht, sie gleicht der Mutter, die ihre verschiedenen Kinder, unabhängig von deren Begabung und Aussehen, annimmt und fördert. Die Horizontale gleicht dem Alltag und dem Alltäglichen, auf dem sich die Dinge aneinander reihen. Sie ist einebnend, antihierarchisch, demokratisch. Die Horizontale stellt in ihrem Gleichniswert etwas von dem dar, was wir als matriarchal empfinden.

Der Vertikale dagegen eignet von ihrem Ausdruckswert her eine ungeheure Steilheit, sie ist die Lotrechte. Sie verbindet Höhe und Tiefe miteinander, hat deshalb etwas vom Herabfahren des Blitzes, vom Herabstürzen des Wasserfalls oder, von oben aus gesehen, etwas vom Aufschießen einer Rakete. Gegenüber der breit hingelagerten Horizontale hat sie einen nur punktförmig scheinenden Ausgangsort, nur so etwas wie eine Startrampe. Es eignet ihr eine hohe Aktivität und Dynamik, sie ist Gleichnis für alles, was über sich hinaus will, was in immer erneuter Transformierung das bereits Erreichte überwächst. Das männlich-schöpferische Prinzip drückt sich in ihr aus, drängend, vorstoßend. Im Gegensatz zur Horizontalen mit ihrer weiblichen Mentalität der Gleichordnung, des Ausgleichs drückt sie ein hohes Wertempfinden aus, ordnet sie die Werte stufenförmig übereinander, schafft sie eine Hierarchie von immer größerer Höhe und Freiheit. Es wäre aber verfehlt, den Bezug zum Sinnhaft-Geistigen oder Göttlichen nur ihr zuzuschreiben. Die Horizontale sucht und findet das Transzendente gerade in der Immanenz, enthält das Geistig-Religiöse im Raum der Welt.

Nur sind beide Linien von unterschiedlicher Symbolik. Sie scheinen unvereinbar gerade heute, wo wir die Polarität von männlicher und weiblicher Lebensanschauung als ganzer wieder zu begreifen beginnen. Die Figur des Kreuzes schafft uns hier eine wirksame Erweiterung unserer Anschauung: Gerade in der Kreuzung der beiden unvereinbar erscheinenden Linien, gerade im Leiden unter ihrer Widersprüchlichkeit kann sich etwas ereignen, was die Fruchtbarkeit dieser beiden Lebenslinien miteinander verbindet. Die bloße Ausrichtung auf die Vertikale mit ihrem Drängen, mit ihrem Über-sich-hinaus-Wollen, mit ihrem Transzendenzbezug gefährdet den Menschen; er braucht als Ergänzung die breite Gelassenheit und Ruhe, die Sicherheit und Tragfähigkeit der weiblichen Horizontale. Ein schönes Erlebnis dieser Durchdringung wäre das, was Rosenberg mit dem Ausdruck »geistdurchwirkte Sinnenwelt« bezeichnet. Durch die Fragestellungen des Feminismus sensibilisiert, fällt es mir als Frau fast schwerer, auch die weibliche Geistigkeit, die sich in der Horizontalen ausdrückt, als ergänzungsbedürftig anzusehen, sie wird aber ohne Zweifel schöpferisch befruchtet durch männliches über sich und über sie Hinausdrängen, sie erfährt Innovationen und Mutationen in der Begegnung mit dem männlichen Prinzip. Ingeborg Bachmann äußert in ihren »Frankfurter Vorlesungen«: »Es gibt in der Kunst keinen Fortschritt in der Horizontalen, sondern nur das immer neue Aufreißen einer Vertikalen.«

Das Bild des Gekreuzigten am Kreuz, bei dem, symbolisch betrachtet, immer auch das Hängen am Lebensbaum mitschwingt, wie schon von Odin berichtet, bedeutet für Jung auch das dem Manne schicksalhaft zugeordnete Leiden bei der Ablösung von der persönlichen Mutter, das er durchzutragen hat, um dabei den Bezug zum überpersönlich Mütterlichen, dargestellt im vierfachen Lebensbaum, im Kreuz, zu gewinnen. Die persönliche Mutter Jesu, Maria, ist in christlichen Kreuzigungsdarstellungen immer unter dem Kreuz gegenwärtig, unter ihrem Sohn, der sie am Kreuz »überwächst«, so zum Beispiel in der Darstellung dieses Motivs durch Chagall in dem mittleren der Fraumünster-Fenster in Zürich, wo aus dem grünen Lebensbaum, dessen Wipfel Maria birgt, der grüne Kreuzesstamm in den Kosmos emporwächst, dessen Krone Christus bildet. Die Krone allerdings mündet hier selbst in ein noch größeres Ganzes ein: in den Schoß einer kosmischen Frauengestalt, der »Anima mundi«[26]. Das gleichschenklige Kreuz bleibt so ein weibliches Symbol. Symbol der Ganzheit des Lebens, der »Großen Göttin« und somit auch der sich opfernden Hingabe an sie – wie in den Frühzeiten der Geschichte, wo der männliche Heros, auf der Höhe des

Kreuzigung am grünen Lebensbaum, Corvey, Fragment eines Sakramentars, spätes 10. Jh. Das Kreuz, hier als grünender Lebensbaum aufgefasst, sprengt nach oben und unten, nach der Höhe und nach der Tiefe hin jeden irdischen Rahmen, der durch das Rechteck bezeichnet ist. Nach rechts und nach links hin bleibt der Querbalken verbindend im »irdischen Geviert«.

Ost und West. Lösung eines religiösen Konfliktes (Buddha vor dem Kreuz)
In dieser Malerei aus dem Unbewussten eines Analysanden verbindet er das christliche Kreuzzeichen mit dem buddhistischen Zeichen der Leidüberwindung durch Meditation, wobei auch der Meditierende ans Kreuz geheftet ist.

Jahres die heilige Hochzeit mit ihr feiernd, sich schließlich zu opfern bereit war für die Erneuerung des Lebens: am Lebensbaum. Stellen wir die Kreuzigung Christi in diese große Tradition, wie feministische Theologie es in Ansätzen versucht, so verstehen wir sie in einem neuen Sinne als ein »Opfer« zur Erneuerung, zur Ganzwerdung des Lebens aus dem Prinzip der Liebe und der Hingabe heraus. Der Gekreuzigte bildet die Mitte des Kreuzes, den Begegnungsort, damit seinen eigentlichen Sinn: die lebensnotwendige Hingabe des Menschen an die Ganzheit des Lebens.

Das Dreieck – das Bezogen-Sein

Zur Einstimmung
Beobachtungen am Strand

Unter all den Burgen aus Sand, an denen, seit der scharfe Westwind wehte, täglich weitergebaut worden war, von Kindern und Erwachsenen gemeinsam, in spontan entstandenen unregelmäßigen Formen, fiel mir eine ins Auge, die absolut außergewöhnlich war: Eine Umfassungsmauer schützt eine regelmäßig gebaute Pyramide, die mit großer Sorgfalt aus nassem Sand geformt war. Sie war die eigentliche Bewohnerin der Burg. Menschen hatten keinen Platz in ihr. Der Junge, der sie gebaut hatte, höchstens sechs Jahre alt, stand neben ihr, selber staunend über sein Werk, das er durch regelmäßige Befeuchtung mit Wasser stabilisierte und gegen den Wind schützte. Die kühn geformte Spitze war besonders gefährdet, vom Wind einfach aufgelöst und weggetragen zu werden ...

Er hatte sie wieder entdeckt, war zum Architekten geworden über der Gestaltung dieser Form, nicht nach Natur-, sondern nach Menschenmaß.

Eine typisch menschliche Kreation ist die Pyramide, fest auf die Erde, das Quadrat, gegründet, aber mit ihrer aus vier Dreiecken gebildeten Spitze steil in den Himmel ragend. Ein kleiner Mann hatte diese Pyramide aus Sand gebaut: konstruktiv genau, und doch zweckfrei, versunken ins Spiel . . .

Die Pyramide, das Dreieck, das ihr zugrunde liegt: Ist das nun nicht eindeutig eine männliche Form? Oder darf man nicht so fragen?

Ein paar Tage später sah ich am gleichen Strand zwei Frauen im Gespräch: Sie zeichneten dabei mit den Zehen Dreiecke in den Sand, um einander klarer zu machen, wie es sich mit ihren Beziehungen verhielte, zum Mann, zum Kind, zueinander. Frauen hatten diese Dreiecke gezeichnet: beziehungsreiche Figuren, Figuren ihrer Bezogenheit.

Das Dreieck als Gestalt

Das Dreieck ist das elementarste unter allen Viel-Ecken; es ist eine Grundform, aus der sich alle weiteren ausdifferenzieren. Das Dreieck, bestehend aus einer Basis und zwei Diagonalen, die diese Basis gleichsam »überdachen«, stellt eine außerordentlich dynamische Figur dar. Die Dynamik verdankt es dem rhythmischen Prinzip der Zahl Drei, verdankt es vor allem den Diagonalen, die gemäß ihrem Formcharakter pfeilartig nach oben oder nach unten schnellen. Es verdankt sie aber auch den drei Winkeln, deren Summe im Dreieck immer 180 Grad beträgt, beim gleichschenkligen Dreieck hat jeder Winkel 60 Grad.

Es gibt darüber hinaus beliebig viele Varianten von Dreiecken, solche mit ungleichen Schenkeln und ungleichen Winkeln, deren Ecken etwa aus zwei außerordentlich spitzen und einem stumpfen Winkel bestehen. Die Spitzwinkligkeit ergibt dann keilartige Formen. die in die jeweilige Richtung nach außen vorzustoßen scheinen. Diagonale, die im stumpfen Winkel aufeinander stoßen, bilden dagegen eher die Gestalt eines bergenden Daches. Allen Dreieckformen eignet eine Balance, in der sich Dynamik und Statik auf subtile Weise die Waage halten. Die Statik verdankt sich der Basislinie, die Dynamik den beiden einander zustrebenden Schrägen. Das Dreieck hat jeweils eine Basis von einer gewissen Breite und eine gewisse Höhe. Das Verhältnis der beiden Maße zueinander entscheidet darüber, ob das Dreieck eher aufragenden, stehenden oder eher einen breit auf der Basis aufruhenden Ausdruck hat. Das stehende gleichschenklige Dreieck, dessen Spitze nach oben weist wie das Profil eines Zeltes, eines Giebeldaches, einer Pyramide, setzt seine Dynamik, die dem Archetyp der Dreizahl immer schon eignet, nach oben, nach außen frei. Schroffe spitze Bergformen, zum Beispiel die der Alpspitze bei Garmisch-Partenkirchen, nähern sich solchen Pyramidenformen an. Bei Surlei im Engadin gibt es einen pyramidalen Felsblock, der dadurch bekannt wurde, dass Nietzsche vor ihm den philosophischen Gedanken von der ewigen Wiederkehr des Gleichen

links: Das »weibliche Dreieck«

rechts: Das »männliche Dreieck«

Lionel Feininger, Gaberndorf, 1921
Feininger gestaltet ein kristallines Gebilde aus den Giebeln, dem spitzen Kirchturmdach und den dreieckigen Gipfelformationen, die Gaberndorf umgeben. Die emporstrebenden und auch nach unten stoßenden Dreiecksspitzen prägen das Bild dieses Dorfes in seiner Lage zwischen Erde und Himmel, wobei es durch ein schräg darüber liegendes Dreieck aus Lichtstrahlen wie nach oben gehoben und gleichsam »verklärt« wird.

fasste. Dieses aufrecht stehende, nach oben weisende Dreieck ist eine überaus spannungsgeladene Form, sie wird zum Beispiel bei den dreieckförmigen Verkehrszeichen, die mit der Spitze nach oben weisen, nur zur Anzeige von Gefahren, scharfen Kurven, Steinschlag oder zur Warnung vor kreuzendem Wild verwendet.

Dieses spannungsgeladene Dreieck, dessen Energiestrahlung nach oben weist, wird auch das »männliche« Dreieck genannt, im Gegensatz zum »weiblichen«, das, von der Basis gehalten, mit der Spitze nach unten weist, also zur Erde, zur Tiefe. Es entlässt seine Dynamik in diese Richtung, in den Bereich der Körpersphäre. Das weibliche Dreieck transzendiert die Horizontale, die plane Bewusstseinsebene, nach der Tiefe hin, erschließt die Transzendenz, die der dem Leben immanenten Tiefe innewohnt und dort, »mitten im Leben«, erfahren und ausgelotet wird.

Das Dreieck als natürliche und als symbolische Form

Das Dreieck ist eine der Formen, die in streng geometrischer Gestalt in der Natur kaum vorkommen, es sei denn in der Art von Kristallgittern; als strukturelle Gestalt jedoch bei vielen Gelenkformen, bei Mensch und Tier, bei den Ansätzen der Äste am Baumstamm oder der Blattstiele am Blütenstängel. Berge, wie die Alpspitze bei Garmisch-Partenkirchen, weisen oft annähernd dreieckige Gestalt auf, auch Steine, die frisch aus der sie tragenden Wand gebrochen sind. Doch bleibt das Dreieck wie auch das Viereck vor allem eine vom Menschen konstruierte Form. Freilich ist die Wahl der Winkelgröße, die Verschiebbarkeit beim Dreieck ungleich variabler als beim Viereck.

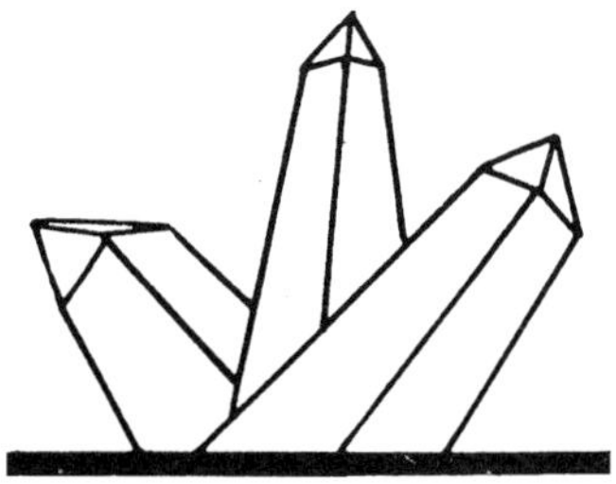

Kristall

Dreiecksformen trifft man auch in der gegenwärtigen Kultur an: als Verkehrszeichen, wie schon erwähnt, als Messgerät für geometrische Zeichnungen und Konstruktionen. Eine unerschöpfliche Rolle spielt das Dreieck bei der Erstellung von Bauten, vor allem von Giebel- und Dachkonstruktionen. Dreieckig ist die Frontseite des Zeltes; dreieckig sind oft auch die Frontseiten neuerer Zeltkirchen, zum Beispiel der Holzkirche zu Konstanz, die ausdrücken wollen, dass die Gemeinde Christi wie einst das alte Gottesvolk in der Wüste noch immer nur zeltend unterwegs ist. Dreiecksförmige Winkel, die auf die Kleidung aufgenäht werden, spielen eine Rolle, um die Rangordnungen beim Militär oder auch die Dienstgrade anderer Organisationen anzuzeigen, bis hin zu den Pfadfindern.

Das Dreieck hat teil an der symbolischen Bedeutung der Zahl Drei, wie das Quadrat an der Vier. Dorothea Forstner[1] hält die Zahlensymbolik für die primäre, die Symbolik der entsprechenden geometrischen Formen für die abgeleitete. Schon Pythagoras[2] hielt das Dreieck – vor allem das gleichseitige – für ein Bild der Gottheit; spätere Verbindung mit der christlichen Trinitätsvorstellung machte es auch zum Symbol des dreieinigen Gottes.

Bei vielen frühen Völkern galt die Drei als Synthese der Eins und der Zwei und damit als Sinnbild der Vermittlung. Sie galt als Zahl des Himmels, des Himmlischen, im Gegensatz zu der Zahl der Erde, der Vier. Wie die Vier – in Verbindung mit der Erdsymbolik – traditionell als weibliche Zahl gilt, so wird die Drei im westlichen christlichen Kulturbereich traditionell mit dem männlichen Prinzip verbunden.

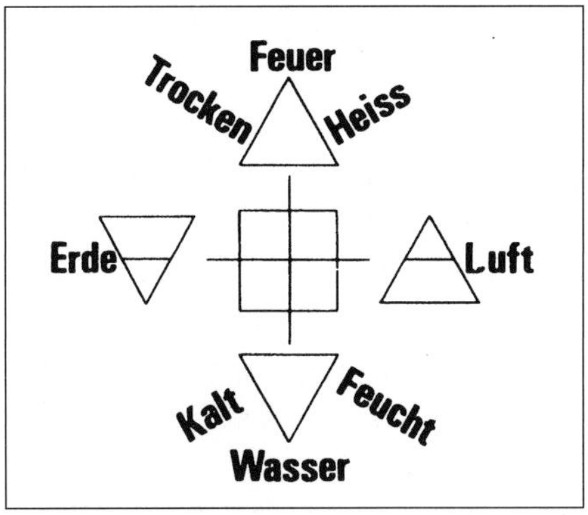

Darstellung der vier Elemente nach alchemistischer Vorstellung mit Dreiecks-Symbolik

Wie irreführend solche festen Zuordnungen sein können, zeigt sich, wenn wir die reiche Symbolik der Zahl Drei in Verbindung mit dem Weiblichen, ja mit weiblichen Gottheiten vergleichen: So wie das männliche Dreieck, das mit der Spitze nach oben weist, bei zahlreichen Völkern als Symbol des Feuers und der männlichen Zeugungskraft gilt, gilt das mit der Spitze nach unten weisende weibliche Dreieck seit alters als ein Symbol des Wassers und der weiblichen Geschlechtskraft.
Vor allem im Bereich des Hinduismus und des Tantrismus ist das mit der Spitze nach unten weisende Dreieck zugleich Symbol für die Yoni, das weibliche Genitale, die weibliche Geschlechtskraft schlechthin: des Muttermundes, des Mutterschoßes und seiner Gebärkraft. Der fast immer in ihm enthaltene Punkt oder das kleinere Dreieck in seiner Mitte ist Bild für das befruchtete Ei, das werdende Leben im Mutterschoß. Das Shri-Yantra (vgl. die Abb. S. 70) – ein zeichenhaft veranschaulichendes Meditationsbild, das im Hinduismus insbesondere der Göttin Shri in ihrer Erscheinungsweise als Shakti, als Geliebte und Gattin ihres göttlichen Partners, zugeeignet ist – besteht aus einer Kombination von Dreiecken, die von einem Doppelkreis umfasst sind. Die Figur wird von einem Quadrat mit vier Zugängen von außen umschlossen. Die nach unten beziehungsweise nach oben weisenden Dreiecke sind rhythmisch miteinander verbunden, ineinander geflochten: So wird die ur-

Yoni – in Indien Symbol des mütterlichen Schoßes

Franz Marc, Die Tränke am Rubinberg, Postkarte an Else Lasker-Schüler, 1913.
Über dem Freundschaftspaar des blauen und roten Pferdes an der Tränke erhebt sich wie ein Dach der durchsichtige »Rubinberg«, dessen steile Spitze nach oben weist, als wolle er einen Transzendenzbezug andeuten.

Judy Chicago, Die Dinner-Party, 1987
Das Dreieck als frühestes Symbol des Weiblichen wählt Judy Chicago als Grundform, auf der sie die drei Tischseiten ihrer Dinnerparty anordnet. Gedeckt ist mit je einem charakteristischen Gedeck für große Frauengestalten der Geschichte und Gegenwart. Für die Betrachterin und den Betrachter geht es um ehrende Erinnerung an diese Frauen und gegenwärtige Begegnung mit ihnen in Zeichen des weiblichen Dreiecks.

sprüngliche, unerschaffene Einheit des Lebens, wofür der Kreis steht, durch die Liebesvereinigung der Göttin Shakti mit ihrem Partner zur Vielheit der Welt entfaltet. Die einander gegenüberliegenden Dreiecke haben dabei von oben nach unten beziehungsweise von unten nach oben eine sich jeweils immer mehr verbreiternde Basis und entwickeln sich von relativ hohen, spitz zulaufenden Dreiecken bis zu dem Paar der auf breiter Basis stehenden gleichseitigen Dreiecke in der Mitte. Es

Sri-Yantra – Tibetisches Meditationsbild

gibt zahlreiche weitere Ausprägungen des Sri-Yantra, z.B. eines aus Nepal (um 1700), in dem die Unterteilungen das Energie-Selbst der Großen Gottheit darstellen (vgl. Abb. S. 72).

Die dreifaltige Göttin ist aber auch in der europäischen Tradition wohl bekannt[3]: Sie ist als Persephone (jungfräuliche Frühlingsgöttin) dem zunehmenden weißen Sichelmond zugeordnet, als Demeter (reife Liebesgöttin und Mutter) dem roten Vollmond und als Hekate (alte weise Herbst- und Todesgöttin) dem abnehmenden und schließlich dem Schwarzmond (Neumond). In den drei Gestalten entfaltet sich im Grund die eine Göttin. Hier symbolisiert die Dreiheit der Namen nicht nur drei Wesensseiten der Göttin, sondern auch ein zeitlich rhythmisches Wandlungsgeschehen, dem es sich im Zeichen dieser Göttin anzuvertrauen gilt. Hekate, die Herrin im Totenreich, erscheint selber dreigestaltig an den dreifachen Wegkreuzungen, den Scheidewegen.

Für die Pythagoräer sind nach dem gleichen Prinzip, das hier aber abstrakt gedacht wurde, das All und alle Dinge durch die Zahl Drei begrenzt: durch Ende, Mitte und Anfang, denen sie alle unterworfen sind.[4]

Schon früh wurde auch die vielleicht ursprünglichste Dreiheit von Vater, Mutter und Kind als Gottessymbol vorgestellt und dargestellt: zum Beispiel in der altägyptischen Göttertriade von Isis, Osiris und Horus.

Auch die Vorstellungen von männlichen Gottesdreiheiten reichen weit über den christlichen Bereich hinaus, sind lange vor der Entwicklung des christlichen Gottesbildes auf archetypischer Grundlage entstanden. Ich erwähne nur die indische Gottesdreiheit von Brahma, Vishnu und Shiva. In dem so genannten »Trimurti-Bild« symbolisieren die beiden Schrägen über der Basis des Dreiecks das Zusammenneigen des Alls zu einer Einheitsspitze hin. Vishnu verkörpert sich in der Schildkröte. Shiva in dem Lotus, der aus einem Totenschädel wächst, Brahma in der alles durchstrahlenden Sonne. Dreifache Gottheiten und Göttinnen sind auch aus China, Tibet, Ägypten, Persien, Babylon und aus dem den Mittelmeerraum umfassenden Mithras-Kult überliefert.

Anstatt also die Zahl Drei dem Männlichen vorzubehalten und sie als den geistig-transzendenten Bereich dem Weiblichen als dem nur erdhaften, von der Zahl Vier symbolisiert, entgegenzusetzen, legte es sich nahe, das männliche und weibliche Dreieck an ihrer Basis zusammenzufügen und so einen Rhombus zu gewinnen, der wieder die Vierzahl der Erde enthält, nun aber als Ergebnis der Vereinigung von männlichen und weiblichen Götterdreiheiten. Legen wir andererseits das

Trimurti-Bild. Indien – Das Dreieck symbolisiert das Zusammenneigen des Alls nach der Einheitsspitze

Sri-Yantra, Nepal (um 1700).
Die Unterteilungen stellen das Energie-Selbst der Gottheit dar, in dem sich männliche und weibliche Energetik vereinigen.

weibliche und das männliche Dreieck übereinander, so entsteht der sechseckige Stern: ein uraltes Vereinigungssymbol weiblicher und männlicher Kräfte.

Die Drei bildet über die theologischen Vorstellungen hinaus die Grundlage vieler Ordnungsvorstellungen. Das Christentum kennt die drei Kardinaltugenden Glaube, Liebe und Hoffnung, die Alchemie die drei Grundprinzipien Schwefel, Salz und Quecksilber als Katalysatoren im Wandlungsprozess, den die Alchemisten zwar an der Materie praktizierten, der aber letztlich die Verwandlung des Menschen selbst meinte. Die Freimaurer räumen der Drei in ihrem Denken großen Raum ein: Sie symbolisiert die drei Stufen der menschlichen Entwicklung, aber auch Stärke, Schönheit und Weisheit Gottes selbst. Der Grundstein des Freimaurertempels ist dreieckig.

Schon im Altertum war das Dreieck auch Zeichen für Feuer, vielfach Licht- und Erleuchtungssymbol. Im Volksbrauch, in der so genannten Magie, die vielfach die durch das Christentum entwertete alte Symbolik bewahrt, ist das Dreieck ein Zeichen des Schutzes und der Abwehr von Dämonen.

In den Märchen spiegelt sich oft die alte Bedeutsamkeit der Drei als Zahl der zu bestehenden Prüfungen, der zu lösenden Rätsel: Hier ist es die rhythmische Erfüllungszahl eines in sich geschlossenen Ganzen.

Vom Dreiecksprofil gehen die einfachsten menschlichen Behausungen, die Zelte aus. Moderner Kirchenbau greift gelegentlich auf die Grundform des Zeltes zurück, auch angeregt von den skandinavischen Holzbauten. Die Dynamik der Wanderschaft ist damit ausgedrückt, im Unterschied zur Statik der Hallen- und Kuppelkirchen.

Eine der strengsten hieratischen Formen religiöser Kunst überhaupt, die altägyptische Pyramide, bildet eine Gestalt, die auf dem Grundriss des Quadrats vier Dreiecke an der Spitze zusammenführt. Schwer auf der Erde ruhend, steil zum Himmel weisend, drückt sie die Sonnenbezogenheit alles Irdischen, die mit der Sonnengottheit Amon-Re verknüpfte ägyptische Unsterblichkeitshoffnung aus. Schlank und steil, mit einer pyramidenförmigen Spitze weisen in der Spätzeit die Obelisken auf das Gleiche hin: Je steiler das Dreieck oder die Pyramide sich aufrichtet, je mehr sich die Schenkel gegenüber der Basis verlängern, desto spitzer wird das Dreieck, wird schließlich zum Keil. Je spitzer die Dreiecksform, desto dynamischer, aggressiver wirkt sie.

Das Dreieck hatte vor allem in der griechischen Antike einen hohen Stellenwert, seine Form bestimmte jeden griechischen Giebel, an öf-

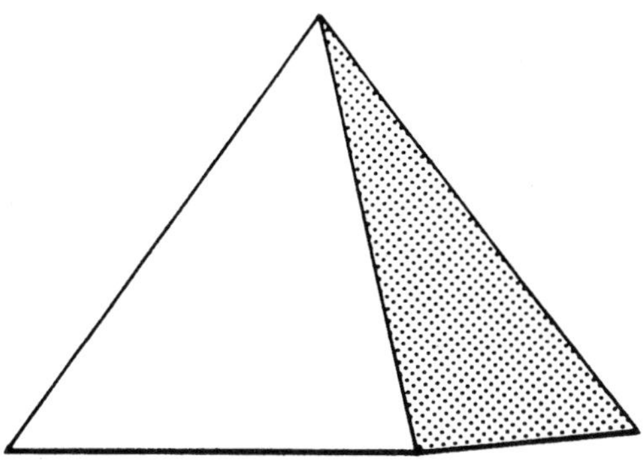

Pyramide

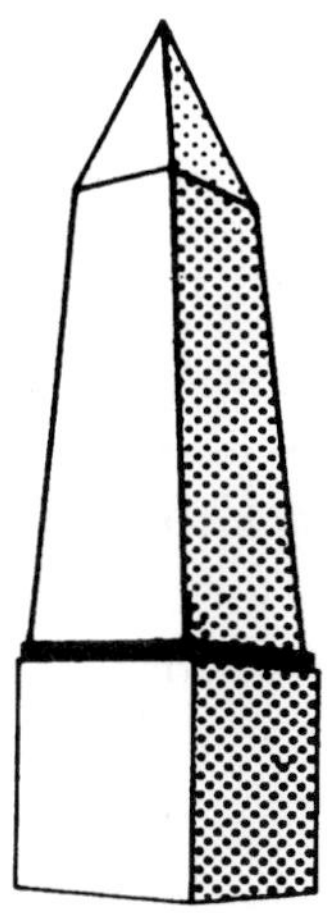

Obelisk

fentlichen Gebäuden wie an Tempeln. In der Architektur der christlichen Zeit tritt es nicht so deutlich hervor, auch wenn es später zum Trinitätssymbol wurde. In den mittelalterlichen Kirchen ist das Dreieck, die Pyramidenform, nicht explizit, aber implizit in vielen Bauformen und Bauplastiken enthalten. Es spielt vor allem bei den Kirchtürmen eine Rolle, die mit ihrer Spitze, wie schon die Obelisken, die Verbindung zwischen Himmel und Erde darstellen.

Das so genannte »Auge Gottes«, ein Dreieckszeichen, das mit der Spitze nach oben weist und in das ein Auge eingezeichnet ist, taucht erst im 17./18. Jahrhundert häufig auf. Vielfach ist auch der hebräische Gottesnahme Jahwe eingeschrieben. In einigen Darstellungen aus dem späten Mittelalter findet sich das Dreieck als Nimbus der dreigesichtigen Trinität.

Das Dreieck in seiner existenziellen und psychologischen Bedeutsamkeit

Das ursprünglichste Dreieck, in dem Menschen in ihrer Existenz sich vorfinden, ist das Dreieck, das Vater, Mutter und Kind in ihrer Beziehung zueinander bilden. In diesem Dreieck zu stehen bedeutet, in Spannung zueinander zu stehen, aber auch in Ergänzung und Balance: Jedes Kind, aber auch jede der beiden anderen zum ursprünglichen Beziehungsdreieck gehörenden Personen hat jeweils zwei Solidaritätsebenen zu den beiden anderen: Das Kind kann sich mit der Mutter gegen den Vater, mit dem Vater gegen die Mutter verbünden; die Eltern miteinander gegen das Kind, aber auch das Kind mit dem Vater gegen die Mutter und umgekehrt. Die Spannung, die das Dreieck enthält, das Spannungsverhältnis, in das es jede der drei beteiligten Personen stellt, ist aber auch die Voraussetzung dafür, dass das Kind im Anschluss an seine ursprüngliche symbiotische Beziehung zur Mutter allmählich eine gewisse Freiheit gewinnt, ein Stück Selbständigkeit, so dass der Individuationsprozess einsetzen kann.

Die Höhe des jeweiligen Dreiecks mag den Spielraum versinnbildlichen, den die an der Spitze gedachte Person innerhalb des Dreiecks der Ursprungsfamilie hat. So stelle ich mir als Modell für die Stellung des Kindes in der Familie zunächst ein Dreieck mit geringer Höhe, also ein eher stumpfwinkliges Dreieck vor, das dann später, im Laufe der Entwicklung des Kindes, immer mehr an Höhe gewinnt. Auch als er-

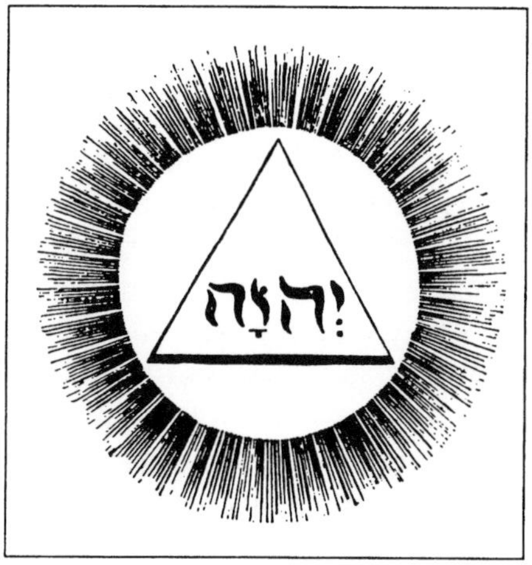

Das Dreicek als Gottessymbol mit eingeschriebenem hebräischem Gottesnamen Jahwe

Trinitätsdarstellung mit dreieckigem Nimbus

wachsene Menschen stehen wir immer wieder in Dreiecksbeziehungen, die uns mehr oder weniger starke Spannungen bescheren oder Freiheiten ermöglichen. So träumt eine Frau (in den mittleren Jahren), dass ihr Vater mit ihrem Mann gemeinsam auf einer Ebene stünde, beide gegen sie verbündet. Sie sieht im Traum deutlich, dass sie einander im Dreieck gegenüberstehen: Sie selbst steht an der Spitze des Dreiecks, Vater und Mann stehen an den beiden Ecken der Basis. Die Figur des Dreiecks, wirklich vorgestellt, vielleicht sogar gezeichnet, könnte eine Veranschaulichung der Situation bieten, die zunächst so aussichtslos erscheint, die aber auch Lösungsmöglichkeiten und Chancen enthält, die in der Dreieckssituation selbst stecken. Da die Frau, in diesem Dreieck stehend, die doppelte Solidarisierungsebene zum Mann einerseits und zum Vater andererseits hat, kann sie die Isolierung, in der sie sich zu der Zeit befindet, durchbrechen, indem sie diese Solidarisierungsmöglichkeiten auch wahrnimmt. Sie kann zum Beispiel mit ihrem Mann auf eine gemeinsame Ebene gehen. Dreiecksbeziehungen entstehen oft dann aus ursprünglichen Zweierbeziehungen, wenn diese zu symbiotisch, zu eng geschlossen waren: Es entsteht das Bedürfnis nach einer weiteren Solidarisierungs- und Kontaktebene. Es gilt, auch in schmerzhaften und belastenden Dreieckskonstellationen das befreiende und fruchtbare Moment zu erkennen und die Spannung auszutragen, statt das Dreieck zu sprengen. Wie schon im Ursprungsdreieck sind auch in jedem anderen Deieck Chancen enthalten, größere Selbständigkeit und Autonomie sowie neue Beziehungsmöglichkeiten zu gewinnen.

Das Dreieck zeigt uns jeweils in ein dynamisches Spannungsfeld zwischen drei Seiten gestellt, die uns zerreißen, die uns aber auch zugute kommen können, wenn wir sie auszubalancieren vermögen. Im Dreieck stehen heißt in Beziehung stehen. Im Zeichen des in die Höhe weisenden Dreiecks, des alten Feuerzeichens, bringen wir uns in Verbindung mit den sich in ihm darstellenden männlich-schöpferischen Kräften, die sich am höchsten symbolisieren in der göttlichen Kräftetrias von Vater, Sohn und Geist. Setzen wir uns dagegen dem umgekehrten, in die Tiefe weisenden Dreieck aus, gewinnen wir Beziehung zu dem weiblichen Kräftefeld, das sich in ihm versinnbildlicht und das sich nicht weniger göttlich in der weiblichenTriade der jungfräulichen Frühlingsgöttin, der reifen Sommergöttin und der alten weisen Herbst- und Todesgöttin symbolisiert. Die Frau und auch der Mann, die sich auf diese weibliche Kräftedreiheit beziehen, sind zugleich in ein rhythmisches Geschehen hineingenommen, in das Wandlungsgeschehen, das sich im Laufe des Jahres, im Laufe des Lebens und auch sonst in jedem schöpferischen Lebensprozess vollzieht. Vor allem wird hier der Tod nicht als Ende, sondern als Wandlung gesehen. Darin zeigt sich das uralte weibliche Verständnis des Todes im Jahres- und Lebenskreis. Das gleichseitige Dreieck kann schließlich wieder von einem Kreis umschlossen werden, was diesen Zusammenhang eines den dreiphasigen Wandlungsprozess umschließenden übergreifenden Ganzen gut charakterisiert.

Auch für den Umgang mit spontan aus dem Unbewussten heraus entstandenen Bildern ist es wichtig, die Symbolik gerade des weiblichen Dreiecks zu kennen. Bei einer neunundzwanzigjährigen Studentin waren – sehr plötzlich, wenn auch im Ganzen ihrer Lebensgeschichte begründet – Suizidphantasien aufgekommen, die sie in einem in großer innerer Spannung gemalten Bild auszudrücken und zu bewältigen suchte: Aus der oberen Bildzone stößt ein schwarzes Dreieck herab. Dem Stoß vermag sich im ganzen Bildraum keine Form entgegenzustellen, die ihn auffangen könnte. Mit der Spitze nach unten weisend, fährt dieses Dreieck wie ein schwarzer Keil hernieder. Für die Frage, worin denn die so plötzlich aufgebrochenen Suizidphantasien begründet waren, konnte die Form dieses Dreiecks, das aus der oberen Ebene des Bildes, aus dem Bereich des Bewusstseins, herabstößt, wichtige Aufschlüsse geben: Es handelt sich eben um das weibliche Dreieck, in dem sich demnach ein Problem aus dem Bereich der Weiblichkeit, der Geschlechtlichkeit darstellen wird. Dieser Bereich ist offenbar in bestimmten Vorstellungen – es kommt aus dem oberen Bereich des Bil-

Bilder aus dem Unbewussten einer 29-jährigen Frau:

rechts:
Verdunkeltes weibliches Dreieck

unten:
Der von oben herabstoßende Keil teilt das Gesicht und das ganze Bild der 29jährigen Frau in eine dunkle und eine helle Hälfte. Der von rechts hereinstechende Keil kommt aus dem Symbolbereich der Außenwelt

des – gefangen und festgehalten. Er stößt nun geballt geladen von dort herab. Zugleich hat dieses Dreieck mit den gezeichneten roten Augen, die weinen, den Ausdruck eines Katzengesichts: Die Katze in dieser jungen Frau, das Weibliche also, könnte ihre animalisch körperliche Seite sein, die offenbar verletzt wurde, – sie trauert hier, und diese Trauer senkt sich wie ein gefährlicher Keil auf alles herab.

Noch schärfer, noch spitzer geworden, fährt dieser Keil auf einem Bild der gleichen Frau von dem oberen Rand des Bildblattes herab in ihren frontal dargestellten Kopf, teilt ihr Gesicht in eine helle und eine dunkle Hälfte mit den entsprechenden Hintergrundsymbolen aus ihrer Lebensgeschichte (vgl. S. 77). Zugleich stößt solch ein Keil von rechts her auf ihren Kopf zu. Beide Male kommen die Stöße mehr aus dem Bewusstseinsbereich, während im Unbewussten, das sich erfahrungsgemäß in der linken unteren Hälfte eines Bildes darstellt, ein Vierjahreszeiten-Baum steht, über dem sich ein Regenbogen wölbt. Die unbewussten Kräfte erweisen sich mit dem Leben verbunden und vermochten im Verlauf eines längeren Prozesses die suizidalen Impulse dieser jungen Frau aufzuwiegen und zurückzudämmen.

Dreiecksformen tauchen an markanten Stellen auch in der Bilderserie eines krebskranken Mannes (etwa fünfzigjährig) auf, besonders in seinem Bild »Weißes Segel auf rotem Hintergrund (vgl. Abb. auf S. 80): zunächst als das Dreieck eines Segels, das, streng im Profil abgebildet, die Aufbruchsbereitschaft des dunklen Bootes anzeigt, das sich anschickt, den Fluss nach links zu überqueren. Ein wild aufgewühlter roter Himmel, dessen Rot sich im Wasser spiegelt, steht über der ganzen Szene. Der Maler realisiert – auch das Prinzip des »Realisierens« steckt im Archetyp der Drei –, dass seine Krankheit tödlich sein, dass sie mit der Fahrt über den Acheron enden wird; er realisiert es nach einer Phase, durch seine früheren Bilder dargestellt, in denen er sich von seinem Schicksal noch etwas zu distanzieren vermochte. Nun konfrontiert er sich mit diesem weißen Segel, das in seinem Dreieck auch die Phasenhaftigkeit des Lebens – Geburt, Leben und Sterben – spiegelt und das sich möglicherweise zugleich auf das Dreieck als Gottes- und Ewigkeitssymbol bezieht. Die Dreiecke setzen sich, ineinander liegend, bis in die Mitte des Segels hinein fort, sind also ein sehr bewusst gestaltetes, wiederholtes Bildelement, das auch der Bannung des emotionalen Chaos, das sich in dem wilden roten Himmel darstellt, dienen mag.

Unter dem Eindruck des Segelbootes, das sein Vater gestaltet hat, malt sein damals eben zwölfjähriger Sohn ebenfalls einen Segler (vgl.

Abb. auf S. 80), dessen Formgestalt viel von dem ausdrückt, wie der Sohn zu der Zeit mit seiner Beziehung zum Vater und der Angst, ihn zu verlieren, umgeht.

In dem Dreieck des roten Segels spiegelt sich gewiss das Beziehungsdreieck, in dem der Junge zu der Zeit steht: als jüngster Sohn unter drei Geschwistern, der jetzt allein noch mit Vater und Mutter unter einem Dach lebt, vor allem also auf Vater und Mutter bezogen ist. Das »Dach«, das das Segel bildet, ist relativ breit, die Spitze bildet einen stumpfen Winkel, der Abstand zwischen der Spitze und der Basis des Dreiecks ist also nicht allzu weit, das Dreieck hat keine zu große Höhe – etwas, das für Kinder und Jugendliche charakteristisch ist, sofern sie sich (selbst durch die Spitze des Dreiecks repräsentiert) mit den Eltern, die beide Ecken der Basis darstellen, noch verbunden und von ihnen getragen fühlen.

Von emotionalem, warmem Rot ist dieses Beziehungsdreieck erfüllt. In die Mitte des Segels – zugleich an Bug und Heck des Bootes, im ganzen dreimal – schreibt der Junge den Initialbuchstaben seines Namens M, dazu sein Alter, zwölf Jahre, mit goldenen Lettern in das rote Feld.

Dieses Alter scheint ihn stark zu beschäftigen. Es ist wie ein Appell auch an den Betrachter des Bildes – zunächst an Vater und Mutter –, wahrzunehmen, dass er erst zwölf Jahre alt ist, viel zu jung, um seinen Vater entbehren zu können, den er gerade zu der Zeit, auch durch das Malen, nachahmt, dem er nachstrebt; es ist aber zugleich ein Appell, ihn ernst zu nehmen als einen, der immerhin schon zwölf Jahre alt ist, ein kleiner Mann also, in einem Alter, in dem die Jünglinge früher die Initiation, die Männerweihe empfingen (auch die Farben Weiß für Neubeginn und Rot für Blut, schmerzhafte Einweihung ins Erwachsenenleben, passen in diesen Zusammenhang). Unbeirrt versucht der Junge, in gelber Seglerkleidung, das Steuerruder in der Hand zu behalten, zu betätigen. Auch hält er das Segel fest. Er ist letztlich allein in dem Boot, auch wenn das Dreieck seiner Bezogenheit auf Vater und Mutter das treibende Segel bildet. In diesem Alleinfahren ist aber angedeutet, ist bewusst geworden, dass er die bevorstehende Trennung vom Vater allein wird bestehen müssen.

Das Boot ist schließlich in einen gänzlich unstrukturierten Raum gesetzt, der nur aus Blau besteht. Keinen Himmel, nur Wasser hat der Junge um sich, es ist wie bei hoher Dünung des offenen Meeres, die oft keinen Blick auf einen Horizont über sie hinaus erlaubt. Das Meer ist übermächtig, der Junge in seinem Boot ist ihm ausgesetzt, er muss sich ihm anvertrauen. Doch strahlt das Bild mit seinen klaren, leuchtenden

Weißes Segel auf rotem Hintergrund: Malerei eines 50-jährigen Mannes in der Krise einer Krebserkrankung

Segelboot, gemalt von einem 12-jährigen Jungen, Sohn des an Krebs erkrankten Vaters, mit dem er versucht, die Angst um den Vater zu bewältigen.

Lyonel Feininger, Promenade, 1912
Die vielfältigen Dreiecksformen und -strukturen, die das Bild enthält, zeigen Spannung an, geben ihm aber zugleich einen kristallinen Charakter.

Farben und dem in ruhigen, ausgewogenen Formen dargestellten Boot tatsächlich Mut und Vertrauen aus.

Häufig verkörpern sich Dreiecksformen natürlich auch in spitzen Bergen, die meist eine Vater- oder Leistungsproblematik anzeigen. Eine Jugendliche malte ein blaues, türenloses, also unzugänglich-verschlossenes, kontaktarmes Haus mit einem sehr hohen, spitzen Dach, das ihr Eingefangensein in eine Ehrgeiz fördernde und fordernde Familienstruktur aufzeigte, die sie statt der wirklichen Geborgenheit eines Hauses umfing. Viermal drei Fenster enthielt jedes

Stockwerk, für jedes der Familienmitglieder wieder die Drei. Einsam im Dach, im »Oberstübchen«, ist noch ein erleuchtetes Fenster: ihre Studierstube?

Wenn wir nun noch einmal nach dem Dreieck in seiner existenziellen und psychologischen Bedeutsamkeit fragen, so können wir über das schon beschriebene In-Beziehung-Stehen hinaus noch sagen: Das Lebensgefühl, das sich symbolisch im Dreieck darstellen kann, besagt auch: sich auf der Erde – der waagrechten Basislinie des Dreiecks – einzurichten und sich von dort zugleich nach der Höhe – der nach oben weisenden Spitze des Dreiecks – auszurichten oder auch nach der Tiefe – der nach unten weisenden Spitze – hin, jeweils auf einen Punkt also, der über das Ich hinausweist, der es transzendiert. Auch nach rechts oder links kann die Spitze des Dreiecks über die Basislinie, über die derzeitige Grundsituation, hinausweisen.

Im Zeichen des Dreiecks existieren heißt also: sich auf etwas hin entwerfen, das über das hinausweist, was ich zurzeit darstelle. Im Dreieck sein heißt insofern auch: sich selbst immer ein Stück weit voraus sein, schon auf die Spitze bezogen sein, während man doch auf der Grundlinie basiert und auf sie rückbezogen bleibt.

Insofern steht das Dreieck im Zeichen der Zeitlichkeit, es verbindet Vergangenheit, Gegenwart und Zukunft in einer bestimmten Perspektive. Immer enthält es Ende, Mitte und Neubeginn, wie es schon den Pythagoräern bewusst war. Es enthält die Dreiphasigkeit von Jugend, Lebensmitte und Alter. Im Vergleich zur Kreisgestalt ist das Dreieck sperrig, es ist vielleicht noch sperriger als Quadrat und Kreuz es sind: Gemeinsam mit den übrigen sperrigen Figuren hat es mit dem aktuellen Vollzug des Lebens zu tun, mit seinen Realisierungsmöglichkeiten im widerständigen Feld der Wirklichkeit. Es ist zugleich bescheidener und auch dynamischer als das Quadrat, als die Vierheit überhaupt. Es lässt mehr Unregelmäßigkeiten zu, hat insofern ein eher menschengemäßes Maß. Zugleich ist im Dreieck ein außerordentliches Balancevermögen enthalten. Zum Gottessymbol wird es in seiner regelmäßigen Gestalt: als gleichseitiges Dreieck, als Gestalt von im Grunde schon übermenschlichem Ebenmaß.

Zur Dynamik des Dreiecks gehört andererseits eine Beziehung zum Dreitakt, einem Tanzschritt, der bekanntlich belebt und beschwingt. Ingeborg Bachmanns Roman-Ich in »Malina«[5] hat in einem Traum die Vorstellung, es könne sich im Walzertakt aus dem Bann eines Problems befreien, das, tief in ihrer Lebensgeschichte verankert, bisher unlösbar schien. Im Traum kann es sich gleichsam hinaustanzen aus diesem

Problem, sich freitanzen. Im Vierertakt könnte man sich kaum freitanzen, der Vierertakt ist der Takt der Märsche.

Carl Gustav Jung hat sich eindringlich mit der Symbolik der Drei im Verhältnis zur Vier auseinander gesetzt und damit ein Beispiel dafür gegeben, dass es sich bei der Beschäftigung mit Zahlensymbolik und der Symbolik der entsprechenden geometrischen Figuren keineswegs nur um spielerische Meditationen, sondern um die Klärung wesentlicher Zusammenhänge menschlichen Existenzverständnisses handeln kann, die von kultur- und religionsgeschichtlicher Relevanz sind. Jung stieß im Zuge seiner religionspsychologischen Auseinandersetzung mit den psychischen Folgen des Christentums bei seinen Patienten immer wieder auf eine überwertige Bedeutung der als männlich verstandenen Drei und der mit ihr verbundenen männlichen Wertvorstellungen: Weibliche Werte wie den Bezug zur Körperlichkeit, zur Natur, zur Materie fand er im Bereich des Göttlichen nicht präsentiert und fand sie damit auch im Bereich menschlicher Werte durchweg zurückgesetzt, in den Schatten gestellt. Die Einseitigkeit der entsprechenden männlich betonten Einstellung erwies sich in den meisten Fällen – beim Mann wie bei der Frau – als Ursache neurotischer Fehlentwicklungen, schwerer Beziehungsstörungen, welche die betroffenen Menschen oftmals in die Praxis des Psychotherapeuten führten. Jungs Material zu dieser Thematik stammt aus der Empirie der psychotherapeutischen Praxis.

Die entthronten weiblichen Werte fanden sich nun immer wieder symbolisch mit der Zahl Vier, der alten Zahl der Erde, verbunden, so vor allem auch in der Alchemie, die Jung ebenfalls neu erforschte. Er suchte deshalb die Vier als Zahl der Vollständigkeit, der Weiblichkeit, der Körperlichkeit, die das aufgrund der Abwertung so genannte »Böse« enthielt, neu aufzuwerten. So erfüllte ihn, den reformierten Pfarrerssohn, die zu seinen Lebzeiten von der katholischen Kirche zum Dogma erklärte Himmelfahrt Mariens mit Freude und Genugtuung – zunächst zur Verwunderung seiner evangelischen theologischen Gesprächspartner –, weil damit endlich eine transzendente Repräsentation des Weiblichen, ein Viertes neben der männlichen Trinität, gegeben sei oder wenigstens in Sicht komme[6]. Freilich überschätzte Jung damit, was es bedeutet, wenn das Weibliche hier nur als ein Viertes in ein künftiges Gottesbild aufgenommen werden sollte. Damit ist der Überbetonung männlicher Werte im christlich-abendländischen Bereich noch kein Abbruch getan. Jung versuchte aber, durch diese Fragestellung motiviert, die Vier als Zahl der Vollständigkeit und Ganzheit gegenüber der Zahl Drei als Zahl der bloßen Vollkommenheit aufzuwerten: als die

Das Kreuz, aus dem weiblichen Dreieck entsprungen und vom Lichtkreis der Sonne gekrönt: Malerei aus dem Unbewussten eines evangelischen Theologen.

Zahl, auf die hin auch der Individuationsprozess bei Mann und Frau sich auszurichten habe. Dabei übernahm er jedoch ohne Rückfrage die christliche Vorstellung von der Drei als männlicher Zahl, als Zahl des höchsten männlichen Prinzips, als Zahl des »oberen Dreiecks«. Freilich war Jung aus gnostisch-alchemistischen Vorstellungen auch ein »unteres Dreieck« bekannt, das sich wiederum aus dem Weiblichen, der Materie und dem Bösen (dem Luziferprinzip) zusammensetzte. Dieses fand er als »im Schatten« stehend vor – es war also wieder zu entdecken! Beide Dreiecke gemeinsam ergeben den Rhombus, wieder die Vierheit. Obgleich Jung die Ergänzungsbedürftigkeit des auf die Drei fixierten christlichen Denkens durch die Vier hellsichtig erkannt hatte, kam es ihm offenbar nicht in den Sinn, dass es darum ginge, jenes so genannte »untere Dreieck« nun auch als das weibliche Gottessymbol, als Symbol der dreifaltigen Göttin, wieder in seine ursprüngliche Würde einzusetzen. Nichts Geringeres als dies gilt es – in Übereinstimmung mit zahlreichen Belegen aus der Religions- und Symbolgeschichte – wirklich wieder zu entdecken: Das »untere Dreieck« ist nichts anderes als das höchste Symbol der dreifaltigen Göttin vom Typos Persephone-Demeter-Hekate. Gewiss bedeutet es dann mehr und anderes als nur das Untere, die Erde, die Materie oder das so genannte Böse. Es bedeutet die in dreifacher Weise ausstrahlende, in dreiphasiger Wandlung sich entfaltende weibliche Weisheit: Liebesenergie und empfangend-gebärende Wandlungskraft, die ihrerseits zugleich ein Dreieck bildet, das dem bloß Erdhaften des Quadrats ergänzend gegenübertritt.

Wir sollten uns künftig hüten, zentrale Symbole – ob wir Baum und Berg oder Quadrat und Dreieck nehmen – eindeutig einem der beiden Geschlechter zuzuordnen und auf dieses zu fixieren. Die Frage, ob diese Zentralsymbole jeweils männlich oder weiblich seien, scheint falsch gestellt zu sein. Die Gegensatzvereinigung, die gerade nach Carl Gustav Jung als Charakteristikum, als Wesensmerkmal jedes echten Symbols angesehen werden darf, ist in den zentralen Symbolen bereits enthalten: Dem männlichen oberen Dreieck, das als Symbol des Göttlich-Himmlischen gilt, steht ein weibliches göttliches Dreieck gegenüber; aus beider Vereinigung entsteht die Vierheit, das Viereck, der Rhombus, die Erde. Sowohl die weibliche dreifaltige Gottheit wie die männliche haben die Erde als Gegenüber – männliche wie weibliche Geistigkeit haben Körperlichkeit und Materie als ein zu gestaltendes Gegenüber; und auch die Vierheit ist weiblich und männlich zugleich (männliche Vierheiten finden sich so gut wie weibliche Dreiheiten: in Ägypten zum Beispiel in den vier Horussöhnen, im Christentum in den vier Evangelisten).

Während einer Meditationswoche malte ein evangelischer Theologe ein Bild mit zentralen christlichen Symbolen, in dem sich eine bemerkenswerte Veränderung des traditionellen Verständnisses dieses Zeichens und eine entsprechend ungewohnte Darstellungsweise zeigte.

Die Basis dieses Kreuzes, aus dem es emporwächst, ist tatsächlich das weibliche Dreieck, seine Krönung ist ein Kreis. Eingelassen, eingesenkt sind diese drei miteinander verbundenen zentralen Symbole in einen braunen Kubus, einen urtümlichen Altar. Das dargestellte Kreuz ist ein gleichschenkliches, eine »crux quadrata«. Seine Farbe ist grün, die Farbe der natürlichen Vegetation (gewiss auch die Farbe des Heiligen Geistes, der Hoffnung, ebenso gewiss aber auch die Farbe des Wandlungsgeistes in der Natur, des Merkurius). Das mit der Spitze in die Tiefe weisende Dreieck, in dem das Kreuz wurzelt, ist rot, trägt die Farbe der Vitalität, der Körperlichkeit und des Eros. Ein roter Innenkreis gibt auch der über dem Kreuz stehenden Sonne – oder ist es eine Frucht oder gar eine Monstranz? – das vitale Zentrum. Die Sonnenscheibe ist flankiert von zwei blauvioletten Rauten. Nur hier kommt die geistig-spirituelle Farbe der Transformation vor: Der Altar und die vor ihm stehende beziehungsweise in ihn eingesetzte Symbol-Dreiheit ist getragen von den erdverbundenen Farben Braun, Grün und Rot.

Gelb jedoch, die Farbe der Erkenntnis, des Bewusstseinslichtes und – letztlich – der Erleuchtung, erfüllt den Kreis über dem Kreuz – eine Bestätigung dafür, dass die neue Symbolgestaltung eben nicht nur unbewusst-unwillkürlich entstanden ist, sondern dass sie auf der Einsicht in neue Zusammenhänge beruht.

Der Kreis – das Umfangen-Sein

Zur Einstimmung
Konzentrische Wellen

Es war auf dem Weg nach Hause, an der Dünenkette entlang, an einem Spätnachmittag, an dem sich das Meer während der Ebbe seidenweich an den Strand schmiegte: Ein einziger Tropfen – oder war es ein Steinchen, eine kleine Muschel – löste sich von meinem Fuß, der durch das seichte Wasser stapfte, und fiel auf dessen fast unbewegten Spiegel, der von der Nachmittagssonne ganz durchlichtet war: Es gab einen hellen Ton, ein feiner Wellenkreis bildete sich, der sich im Nu erweiterte, konzentrische Kreise um sich schlug, weitere und weitere. Die Figur erregte mein Staunen, so bekannt sie ist, in diesem Augenblick war sie mir neu, so sehr, dass ich im Gehen innehielt, um dieser bewegten Form nachzuspüren, zumal das Licht sie auf dem Grund des Wassers nachzeichnete, eine konzentrische Kreisfigur, zitternd, von feinsten Schwingungen in sich vibrierend, die nun immer weiter ausschwang, sich entgrenzte, bis die nächste leise Welle kam, die genügte, um die Figur zu überspülen. Eine Figur, die nur für Sekunden bestand, jedoch jeden Moment wieder erstehen kann: der Kreis, der konzentrische Kreise um sich schlägt – eine Grundfigur der Welt, die gleiche, die die Schallwellen bilden, die unser Kommunikationsnetz tragen …

Der Kreis als Gestalt

Der Kreis als vollkommen in sich gerundete Linie führt in sich selbst zurück. Damit ist er in sich geschlossen, er umfängt, birgt, schützt – jedoch anders als das Quadrat, schwingender, frei von Ecken und Kanten. Die Kreisgestalt ist unter den regelmäßigen Figuren von einzigartiger Ganzheit und Geschlossenheit: Sie ist die einzige Grundform, die man ohne abzusetzen, ohne Richtungsänderung zeichnen kann. So ist sie das Rund, das Runde schlechthin.

Zu den Ursprungserfahrungen mit dieser Gestalt des Runden gehört die Gebärde des Umarmens, mit der ein Mensch den anderen, eine Mutter ihr Kind liebevoll umschließt. Die Kreisform bildet die vollkommene Rundung des Horizonts ab, die der Mensch erfährt, wenn er sich schauend um sich dreht. So bildet der Kreis auch den Erdball ab – darüber hinaus das Universum als den gestirnten Himmel –, das runde Ganze, das »Umgreifende« (Karl Jaspers). Der Kreis bildet ein Zentrum, eine klare Mitte. Ihn zu betrachten zentriert auch den Betrachtenden: So gehört der Kreis zu den ältesten Bildern der Meditation.

»Eine beinahe volle Erde«, wie sie die Weltraumfahrer, die das Foto unseres Heimatplaneten aufnahmen, in Analogie zu unserer Redeweise vom »vollen Mond« nannten.

Der Kreis gilt als der ausgedehnte Punkt, als Symbol des in sich Gleichen, des Vollkommenen. Alle Punkte der Kreisperipherie sind gleich weit vom Zentrum entfernt.

Er bildet ein Innen: das Umgrenzte, das Umschlossene, Integrierte, das Zugehörige. Er bezeichnet auch ein Außen: das Ausgegrenzte, Ausgeschlossene, Nichtintegrierte, das Nichtzugehörige. Wenn wir uns fragten, was wir in einen Kreis setzen wollten, so könnten wir antworten: einen Menschen oder ein verbindendes Symbol wie den Stein, die Kerze oder auch einen Blumenstrauß. Die Gestalt des Kreises entspricht seiner Funktion, etwas Wichtiges, etwas Heiliges zu umgrenzen, zu umschließen. So tun es die Steinkreise seit der Megalith-Zeit. Das mächtige im Kreis angeordnete Steinheiligtum von Stonehenge ist zusätzlich noch von einem äußeren konzentrischen Schutzkreis umgeben. Auch die im Rund angelegten Stadtmauern früher Städte hatten symbolischen Sinn.

Als unendliche Linie vermag der Kreis alles das zu symbolisieren, was ohne Ende ist: So ist er zugleich Symbol der Zeit, der Ewigkeit, der Unendlichkeit. Der sogenannte Ouroboros als Zeichen der Schlange, die sich in den Schwanz beißt, ist zugleich Symbol für die ewige Wiederkehr.

Das Gleiche gilt von der dreidimensionalen Gestalt des Kreises, der Kugel: Alle weiteren geometrischen und stereometrischen regulären Figuren und Körper lassen sich aus ihr bilden oder von ihr umschließen. So ist sie gleichsam das »allbildende Urei«[1]. Auf sie bezogen ist auch der alte theologische Satz: »Gott ist eine Kugel, deren Zentrum überall, deren Peripherie nirgends ist.«

Dem Kreis eignet, wenn er nicht direkt als Steinkreis auf die Erde gelegt ist, von der Form her eher etwas Leichtes, Sphärisches, Freies und Schwebendes. Die Kugel wiederum ist mobil, beweglich; sie rollt, sie rotiert, so wie die Himmelskörper im All rotieren.

Wie die Kreislinie in ihren Ausgangspunkt zurückkehrt, um von dort immer von neuem auszugehen, so sind Kreis und Kugel auf den zeitlichen Ablauf und Kreislauf des Lebens wie auch des Kosmos bezogen. Sie zeugen von dem uralten Gesetz der Zeit, die alles in sich zurücknimmt, um zugleich alles neu zu zeugen und zu gebären.

Der Kreis als natürliche und als symbolische Form

Sowohl der Kreis als auch seine dreidimensionale Gestalt, die Kugel, kommen in der Natur vielfach vor, wenn auch meist nicht in streng geometrischer Form.

Es gibt einfache Lebewesen, die in ihrer ganzen Gestalt vom Runden geprägt sind, Quallen, Seeigel oder eine Muschelart, die sich an der pazifischen Küste findet, der so genannte kreisrunde »Silberdollar«. Rund sind Beeren und zahlreiche Früchte (Äpfel, Orangen). Das Rund, die Rundung kehrt in fast allen organischen Formen, in allen Organismen wieder: im Blütenstand und im Fruchtboden vieler Blumensorten – sehr markant zum Beispiel bei der Sonnenblume –, aber auch in der Iris und in der Pupille menschlicher Augen sowie der meisten Tieraugen. Gerundet ist die Form des menschlichen Kopfes, aber auch die Brust, der Bauch, vor allem auch der schwangere Mutterleib.

Rund wird darüber hinaus alles, was die Kräfte von Wasser und Wind schleifen: die Kiesel in den Bächen und am Strand des Meeres. Ebenso alle Körper, die den Rotationskräften ausgesetzt sind, wie die Schneebälle beim Abrollen von den Hängen. Rund ist die Erde, sind die Planeten im All, von ständiger Rotation, vom zentrifugalen und zentripetalen Kräftespiel gestaltet. Rund ist für unsere Augen der volle Mond und der leuchtende »Ball« der Sonne. Zum Runden, zum Kreisen gehören Dynamik, Bewegung, Drehung, vor allem auch der Tanz. Wir können unsere Arme und Beine schwingen, auch drehende und kreisende Bewegungen mit ihnen ausführen, ruhen sie doch selbst in Kugelgelenken.

Zur Symbolik des Runden gehören Gebärden wie das Umarmen, Umfangen: als Urgebärde zwischen Mutter und Kind, zwischen Frau und Mann. Kontakt aufnehmen, bergen, schützen, in sich bewahren, mit etwas schwanger gehen: all dies gehört zum Symbolkreis des Runden, der Kugel. Im weitesten Sinne gehört ihm die Muttersymbolik, die Symbolik des Weiblichen zu. Letztlich umschreibt es im übertragenen Sinn das »runde Ganze«, das »Vollständige«, kann so zum Symbol des größeren Selbst, welches das Ich des Menschen umfängt, mehr noch zum Gottessymbol werden.

Schon die ältesten Behausungen der Menschen dürften rund gewesen sein. Ob es die Schnee-Iglus der Eskimos sind, die Binsenhütten afrikanischer Stämme oder auch die Steinhäuser der Megalith-Kulturen von Malta bis Irland, wo sie sich bis heute als Vorratskammern finden: die Häuser waren auf runden Grundrissen errichtet und zu einfachen Halbkugeln geformt. Später wurde dann eine halbkugelförmige Kuppel auf den würfel- oder quaderförmigen Grundkörper eines Hauses aufgesetzt: So entstand auch eine frühe Form der orientalischen Kirche und der Moschee. Ein schönes Beispiel für einen Kuppelbau mit runder Öffnung zum Himmel hin ist das schon erwähnte Pantheon in Rom.

Die Kirchengebäude des Ostens, soweit der Einfluss von Byzanz reichte, sowie die Moscheen haben den Zentralkuppelbau und damit die Symbolik des Runden als Abbild des Kosmos und der Ewigkeit – verbunden mit der Muttersymbolik – beibehalten. Das Vorbild dieser Bauform, die Hagia Sophia in Konstantinopel/Istanbul, strahlt von ihrer riesigen Kuppel her bis heute etwas von dem Umfassenden, Bergenden des Runden aus, ist ein Sinnbild des Ganzen und ist auch der »heiligen Weisheit«, einer Urkraft des Weiblichen, geweiht. Auch der Islam hat trotz dominierender männlicher Elemente die Weite seines Monotheismus durch die alles zusammenfassende – und ursprünglich weibliche – Form seiner Kuppelmoscheen, von denen Istanbul einige der schönsten besitzt, auszudrücken vermocht. Weite, Stille und Konzentration strahlen diese Bauten auch für den westlichen Besucher aus und laden damit zu Meditation und zu Selbstbesinnung ein.

Jahrtausende früher, ehe diese kunstvollen Bauten der Hochreligionen errichtet wurden, standen die Rundformen im Dienste der »Großen Mutter«: Tempel in Kleeblattform, bei denen sich jeweils drei und mehr runde Seitenräume um einen Zentralraum scharten, finden sich heute noch auf Malta und Gozo (Hagar Qui, die Mnaidra, die Gigantija). Diese Bauten sind ohne jeden rechten Winkel, wie naturgewachsene Formen entstanden, wie Zellverbände, die sich durch immer neue Teilungen erweitern (vgl. die Abb. auf S. 17). Auch diejenigen Formen, die nicht einfach zu Kreis oder Kugel abstrahiert sind, bilden doch organische Rundungen und Schwingungen nach, gehören im weiteren Sinn dem Symbolkreis des Runden zu.

Die Symbolik des Kreises wird oft im Gegensatz zu der des Quadrats gesehen: Gilt das Quadrat als Symbol der Erde, des Irdischen in seiner Beschränktheit, so der Kreis als Symbol des Himmels, des Kosmischen in seiner Entgrenztheit. Auch der Gegensatz zwischen der Materie, dem Element der Erde, und dem Spirituellen, dem Element der Luft und des Himmels, kann sich im Gegenüber von Quadrat und Kreis ausdrücken. Zeigt das Quadrat in seiner Kantigkeit das Hier und Jetzt der Realität an, so entspricht dem Kreis die Ewigkeit. Als Unendlichkeitssymbol gilt er auch deshalb, weil er aus einer unendlichen Linie gebildet ist, die in der

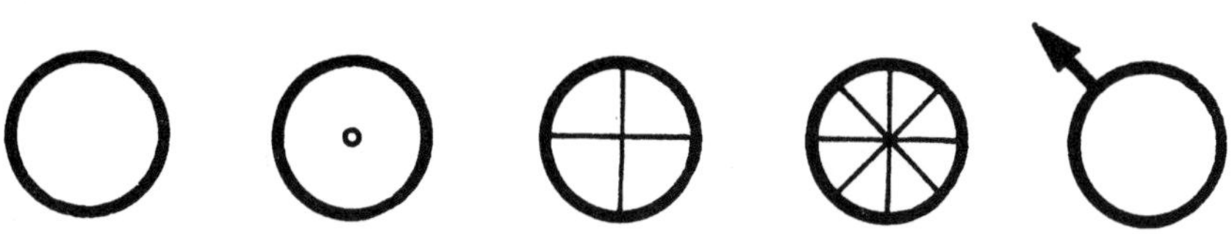

Kreis- und Radformen

Die Dornbusch-Ikone, 18. Jh. – ein christliches Mandala
Im zentralen Kreis Maria, die nicht verbrennt, obwohl sie das Feuer Christus in sich trägt. Ihrer Leibeshöhle entsteigt Christus, den sie zugleich auf dem Arm trägt.

Symbolgeschichte oft durch die Gestalt einer Schlange dargestellt wird, die sich in den Schwanz beißt, als »Uroboros« (Erich Neumann).

Dieses Symbol des Schlangenrings kann zwar auch die noch bestehende Ungeschiedenheit des Bewusstseins vom Unbewussten bedeuten, das Beharren in einer Ur-Symbiose, die Befangenheit in Primär-

Krishnas großer Reigentanz mit den Hirtinnen. Miniatur aus dem Bhagvata-Purana. Krishna steht, als ein urbildliches Rechteck dargestellt, in der Mitte des Reigens der Hirtinnen, in dem er einer jeden als ihr einziger Geliebter erscheint. Eine jede ist auf ihn als seelisch-geistige Mitte bezogen.

prozessen. Der Kreis in seiner gesamten Fläche aber stellt immer die Fülle, die Vollständigkeit, die Ganzheit des Bewusstseins dar.

Der Kreis als Zeitsymbol hat enge Bezüge zum Sinnbild des Rades, des Sonnenrades, aber auch zum Radkreuz. Im Zeichen des Rades stellt der Kreis die zyklischen Bewegungen der Erde, den Wiederbeginn, die Erneuerung der Schöpfung dar und damit die Veränderlichkeit, der alles Irdische unterworfen ist. Das Glücksrad, auf das ein Mensch geflochten ist oder an das er sich anklammert, ist zugleich Symbol der Vergänglichkeit. Von den Babyloniern wurde der Kreis zum Zweck der Zeiteinteilung in dreihundertundsechzig Grade eingeteilt.

Uralt ist die Vorstellung vom Kreis als einem Bannkreis. Seit frühester Zeit gilt er als wirksamer Schutz gegen Dämonen. Wir kennen magische Kreise verschiedener Gestalt. In manchen dieser Formen sind Kreis, Hexagramm und Kreuz kombiniert. In Zusammenhang damit steht die schützende Wirkung, die man runden Schmuck- und Bekleidungsstücken wie dem Gürtel, dem Reif, der Kette, dem Ring und run-

Magischer Kreis mit Hexagramm und Kreuz

den Amuletten zuschreibt. Der Ring hat besondere Bedeutung als Beziehungssymbol. Seine Gestalt ohne Anfang und Ende, seine gleichmäßige Form machten ihn geeignet, um die ewige Wiederkehr des Gleichen, das ewig Währende von Bünden und Beziehungen auszudrücken, das mit der Verleihung des Ringes besiegelt werden soll. Als Zeichen der Begrenzung, das ein Innen und ein Außen schafft, eignet sich der Ring auch besonders als Symbol des Bindens und Bannens. Seine Gestalt soll vom noch ursprünglicheren Binden eines Fadens abgeleitet sein. Sehr früh schon wurde der Ring zum Zeichen eines Bundes, eines Gelöbnisses, einer Gemeinschaft und zum Zeichen eines gemeinsamen Geschicks[2].

Mit einem Siegelring wurde schon in frühesten Zeiten der Besitz gestempelt. Es macht nachdenklich, dass auch der Ehering in diesem Zusammenhang aufkam. Er enthält das Versprechen einer unverbrüchlichen Bindung und zugleich – durch die Geschlossenheit des Ringes – einen Abwehrzauber gegen Einbrüche von außen.

Ringe gehören zu den ältesten Grabbeigaben; sie wurden vor allem als schützende Amulette von bindender Kraft verstanden. Ihre Form stellt einen Bezug zur Unendlichkeit her, einen Bezug zum großen Ganzen, sie ist numinos.

Auf Grabmälern und Sarkophagen der griechischen und römischen Antike finden sich viele Kreise. Besonders eindrucksvoll gestaltet fand ich dieses Symbol in der Bergstadt Termessos in der Türkei, der hoch auf den Bergen eine Totenstadt von freistehenden steinernen Sarkophagen angeschlossen ist. In jeden dieser Sarkophage ist ein Kreis eingemeißelt, jeweils flankiert von zwei gleich großen Quadraten. Die Verbindung zwischen Ewigkeit und irdischem Feld, auf dem dieses Leben gelebt wurde, scheint hier unübersehbar.

Durch seine konzentrierte Form eignet sich der Kreis auch dazu, die Verdichtung von Energie darzustellen. Auch von hier aus lässt sich die bannende Kraft des Kreises verstehen als einer Form, durch die Positives verdichtet und Negatives, »Böses«, ausgeschlossen wird. Der Ring vermittelt nicht nur Gebundenheit, sondern auch besondere Freiheit, indem er denjenigen, der ihn trägt, an ein größeres Ganzes anschließt.

So trug der freie Bürger Roms einen Ring, der ihn als Zugehörigen auszeichnete. Besondere Ringe kennzeichnen Mitglieder von Orden oder Bünden bis zum Verlobungsring als Symbol des sich verbindenden Paares. Ringe trugen Fürsten, Bischöfe und Päpste. Der Ring beziehungsweise Kreis des Heiligenscheins ist dagegen ein Symbol für die Beziehung zur Transzendenz.

In profanierter Form, nur noch als Zeichen, aber doch als bannender Kreis, erscheint der Ring heute auf runden Verkehrszeichen, die je nachdem Durchfahrt, Halt- oder Geschwindigkeitsbegrenzung signalisieren. Ebenfalls rund, aber ohne den bannenden Kreis in Rot, ist das Zeichen, das wieder freie Fahrt zulässt.

Ein Beispiel für einen bannenden, zugleich schützenden Kreis ist der »kaukasische Kreidekreis«, der den Titel für Bertolt Brechts Schauspiel abgegeben hat. In den Kreidekreis wird im Kaukasus nach alter Sitte das Objekt, in diesem Fall das Kind gestellt, das zum Streitobjekt, hier zwischen zwei Müttern, geworden ist: der leiblichen Mutter, die das Kind in früher Jugend verlassen hat, und der sozialen Mutter, der Beziehungsperson, die das Kind durch schwerste Notzeiten hindurchgerettet hat. Die wahre Mutter hat nach richterlichem Urteil das Recht, das Kind aus dem schützenden Kreidekreis zu ziehen. Da es dabei zu einem Gezerre um das Kind zwischen den beiden Müttern kommen würde, verzichtet gerade die wirklich liebevolle Mutter, die soziale Mutter, darauf, das Kind in diesem Streit »auseinander zu reißen«. Brechts These in diesem Stück ist, dass die soziale Mutter und nicht die leibliche die wahre Mutter sei. Der Kreidekreis verkörpert hier den Raum des Rechts, des Gerichts, der das Kind vor jedem willkürlichen Zugriff zu bewahren sucht.

Zur weiteren Symbolik des Kreises beziehungsweise der Kugel gehört der Ball, der von Anfang an mit der Sonne zusammengebracht wurde. In alten kultischen Spielen – im Ballspiel der Mexikaner und noch im Osterballspiel des christlichen Klerus von Auxererre – ist er Sonnensymbol, und im Ballspiel wird das Wiederaufsteigen der Sonne nach der winterlichen Schwächung rituell mitvollzogen und so mitbewirkt. Bis heute fällt auf, dass jeweils zur Osterzeit, zu der es in unseren Breiten Frühling wird, auf Straßen und Spielplätzen wieder die vielen Bälle und Reifen und Murmeln auftauchen. Die Spielkugel, vor allem die goldene, wie sie im Grimmschen Märchen vom Froschkönig oder auch im Eisenhans vorkommt, ist immer Symbol für das »runde Ganze« der eigenen Person, das in Bewegung ist und die Entwicklung von einer Lebensstufe zur anderen vorantreibt, wenn auch oft durch Umwege und scheinbare Unfälle – so verschwindet im Froschkönig-Märchen der gol-

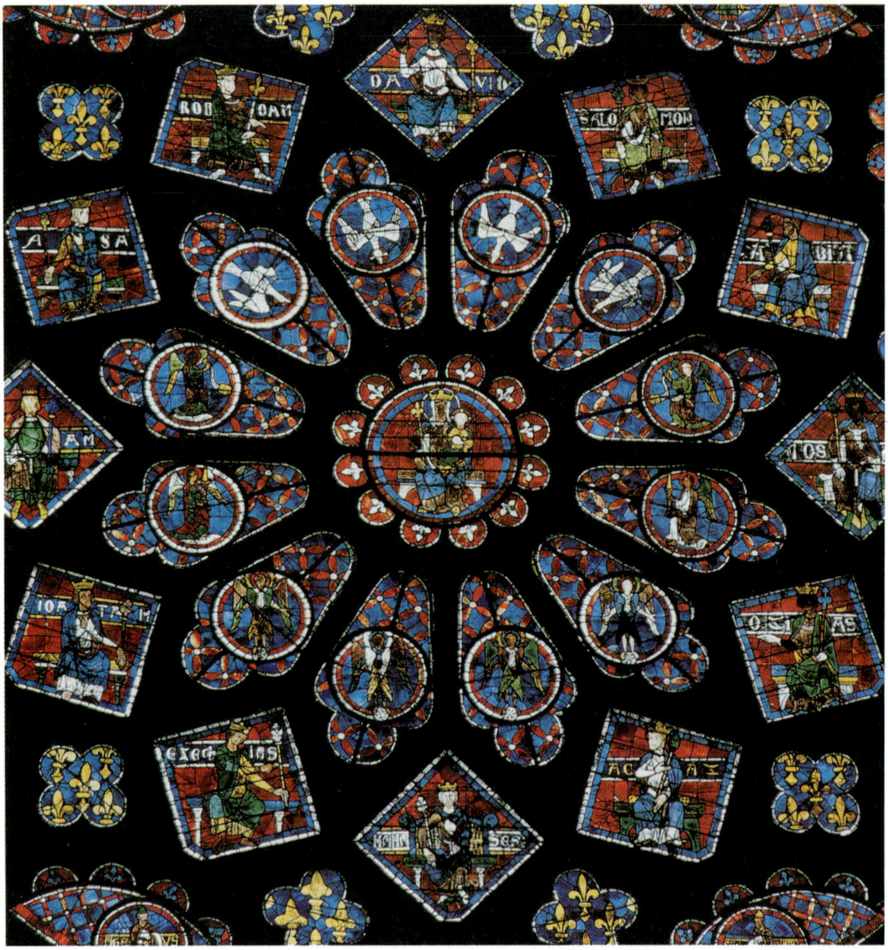

Kathedrale von Chartres, Mitte der Nordrose
Mit Christus im Zentrum, Engeln in den Medaillons des umgebenden Kreises und Königen im Außenkreis entspricht das Fenster mit seinen konzentrischen Kreisen der Mandala-Struktur.

dende Ball der Prinzessin im Brunnen, und die Kugel des Prinzen fällt zunächst in die Hände des wilden Eisenhans. In beiden Märchen wird der Ball im Verlauf der Entwicklung der Heldin oder des Helden wiedergewonnen und führt schließlich bei beiden zu wirklicher Beziehungsfähigkeit und zugleich zum wahren Selbst.

Bis heute spielen Kugel- und Ballspiele in unserer Kultur eine große Rolle. Um den Fußball rankt sich geradezu ein moderner Mythos, um Tennis und Golf zumindest ein Elitebewusstsein. Die rollende Kugel im Roulettespiel hat bis heute für manche Spielernaturen schicksalhafte

Genesis-Teppich in Gerona
Zwei Spruchbänder mit den Schöpfungsworten der Genesis bilden, konzentrisch ineinander gelegt, die Grundstruktur dieses christlichen Schöpfungs-Mandalas, in dessen Mitte Christus steht als das – nach Johannes 1 – verkörperte Schöpfungswort. »Es werde Licht«, fiat lux, steht auf dem ihn umgebenden Spruchband-Kreis. Von dem Christus-Zentrum gehen wie von einer Sonne Strahlen aus, die den äußeren Kreis gliedern, in dessen einzelnen Segmenten unter der Hut der heiligen Geist-Taube und zweier Engel die Werke der Schöpfung sichtbar werden: Sonne und Mond, Wasser und Erde mit allen Lebewesen, schließlich auch der Mensch und das Menschenpaar.

Bedeutung. Beim Gedanken daran, dass diese Schicksalskugel zugleich und eigentlich Symbol des »mobilen Selbst« (Mario Jacoby) ist, geht einem die Ambivalenz aller Symbole ein weiteres Mal auf: Suchen diejenigen, die der rollenden Kugel im Glücksspiel nachgehen, womöglich letztlich nichts anderes als ihr eigenes Selbst?

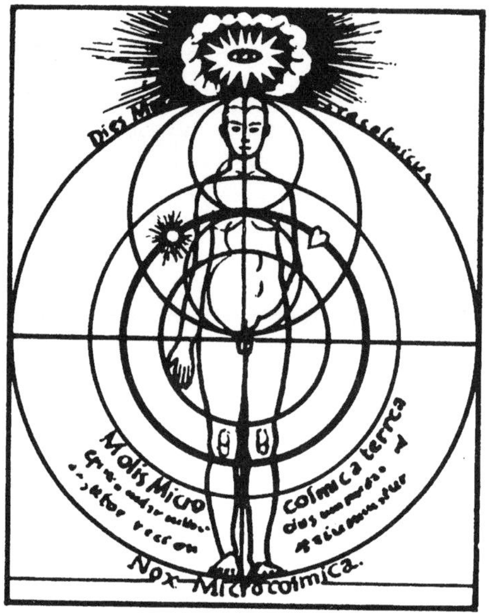

Mensch als Mikrokosmos
Nach einer Darstellung in Roberto Fludd, Utriusque Cosmi Historia, Oppenheim 1619

Konzentrische Kreise wiederum können – besonders im christlichen Bereich – verschiedene Stufen der Schöpfung symbolisieren, zum Beispiel in den Visionsbildern der Hildegard von Bingen oder in der Apokalypse des Beatus. Mit ihnen wird auch die konzentrische Bewegung des Sternenkreises anschaulich gemacht. Die Hierarchien der geistigen Mächte werden ebenfalls durch konzentrische Kreise versinnbildlicht. Drei ineinandergeflochtene Kreise symbolisieren die Dreieinigkeit.

Entsprechend dem Makrokosmos lässt sich auch der leib-seelische Organismus des Menschen als ein Mikrokosmos aus konzentrischen Kreisen darstellen, wie zum Beispiel bei Roberto Fludd (1619). Im Zen-Buddhismus wiederum bedeutet bereits der Kreis an sich, erst recht aber die Gestalt des konzentrischen Kreises, eine hohe Stufe der Erleuchtung: Die alte Zen-Parabel vom »Ochs und seinem Hirten« beschreibt die höchste Stufe der Befreiung und Erleuchtung durch einen lichten Kreis, der frei im Raume schwebt und Fülle und Nichts in einem ist. In der Kabbala – einem Zweig der jüdischen Mystik – verkörpert der in ein Quadrat eingeschriebene Kreis den in der Materie verborgenen göttlichen Funken.

Eine besondere Symbolik des Kreises spiegelt sich in den Fensterrosen mittelalterlicher Kathedralen (siehe Abb. S. 96). Sie stellen vier- und mehrspeichige Räder dar, Symbole der Einheit in der Vielheit, die man zugleich als besondere Formen des so genannten Mandala betrachten kann. Unter dem Mandala, einer altindischen Bezeichnung für Kreis beziehungsweise Mandel, verstand man schon in der späteren indischen Religion abstrakte und aus bildnerischen Elementen wie Kreis oder Viereck versehene Meditationszeichen. C. G. Jung interpretierte diese Mandalas als Symbole des Individuationsprozesses und fand in den Träumen heutiger Menschen sowie in den von ihnen aus dem Unbewussten geschaffenen Zeichnungen und Malereien ähnliche

Symbole wieder. Ob wir nun altindische oder moderne Gemälde vor uns haben, immer steckten in Bildern solcher Art bestimmte Strukturmotive, die ungesucht wiederkehrten.

Ein wunderschönes Beispiel für die Grundform des Kreises als Bild für die Ganzheit der Schöpfung und zugleich für ein Zentrum des Kosmos ist der sogenannte Genesis-Teppich (ca. 1050–1125), der in der Schatzkammer der Kathedrale von Gerona aufbewahrt wird (siehe Abb. S. 97). Zwei konzentrische Kreise liegen ineinander und bilden die Grundgestalt dieser Schöpfungsdarstellung, zwei kreisförmige weiße Schriftbänder. Im Uhrzeigersinn gelesen beschreibt die lateinische Inschrift des äußeren Kreises den Anfang der Schöpfung: »Im Anfang schuf Gott Himmel und Erde, das Meer und alles, was in ihm ist. Und Gott sah alles, was er gemacht hatte, und es war sehr gut« (Genesis 1, 1.20-22.31). Im inneren Kreis wird die Hervorrufung des Lichts angesprochen: Fiat lux. Es werde Licht! (Genesis 1,3). Hebt der innere Kreis also die Schöpfung des Lichts hervor, so umfasst der äußere die gesamte Schöpfung. Die geometrische Grundform des Bildes ist mit den beiden Inschriftkreisen gegeben und damit zugleich die Aussage: Das Zentrum des Ganzen ist die Schöpfergestalt, von der wie ein Fächerkranz die einzelnen Schöpfungswerke ausstrahlen.

Die großen Maßverhältnisse (3,65 x 4,70 m) und die heutige Hängung des Teppichs in Augenhöhe des Betrachters begünstigen die Begegnung mit der Schöpfergestalt in der Mitte als Zentrum und Schwerpunkt der Darstellung, die wie ein Kraftfeld den ganzen Schöpfungskreis durchdringt. Alle Sektionen des größeren Außenkreises – Sonne, Mond, Menschen und Tiere – laufen zugleich auf die Mitte zu.

Der jugendlich-bartlose Schöpfer trägt zugleich die Züge Christi, wie der Nimbus mit dem Kreuz hinter seinem Kreuz eindeutig zeigt. Er wird hier insofern auch als der Schöpfer der Welt verstanden, als er – nach dem Prolog des Johannesevangeliums – zugleich das »Wort Gottes« ist, durch das die Welt erschaffen wurde und durch das sie erhalten wird.

Über seinem Haupt schwebt im äußeren Kreissegment in einem Medaillon die Geist-Taube, rechts und links in den Nachbarsegmenten von zwei Engeln flankiert, die Dunkelheit und Licht verkörpern. Die beiden folgenden einander gegenüberstehenden Segmente enthalten wieder Innen-Medaillons, die die Trennung von Wasser und Land symbolisieren. Die Segmente der unteren Hälfte des Außenkreises sind breiter als die der oberen Kreishälfte. Dadurch wirkt die untere stabilisierend.

Inhaltlich wird hier breiter erzählt als in der oberen: von der Erschaffung der Vögel, der Fische und der weiteren Tiere im Mittelsegment un-

Maria Uihlein, Öffnung in die Tiefe. Bildhafte Gestaltung einer spontanen Imagination: ein Rund, durch das das Licht der Tiefe sichtbar wird. Die Gestalterin notiert zu der Imagination: »Ich bekomme eine Öffnung in die Tiefe. Diese Öffnung kann ich überall hin mitnehmen. Denn mit dieser Öffnung ist es überall offen, überall kann ich in die Tiefe sehen.«

Weg um den See: Malerei aus dem Unbewussten einer Frau, die ihre Angst um ihren an Krebs erkrankten Mann durch wiederholtes Umwandern eines Sees zu bewältigen sucht.

ten, das rechts und links von den Segmenten flankiert wird, die von der Erschaffung Adams und des Urmenschenpaares Adam und Eva sprechen.

Die geometrische Figur enthält eine visuelle Schöpfungstheologie im Zeichen des Kreises: Im Zentrum steht das personifizierte Gotteswort, dessen Haupt und Nimbus sich gleichsam in den Rahmen der beiden Kreise verdoppelt beziehungsweise verdreifacht – als bildeten sie die Mandorla. Die Schöpfung stellt anschaulich den Strahlenkanz des Logos dar, dessen ausstrahlenden Nimbus. – Überall, wo der Kreis in Erscheinung tritt, findet Bezug und Rückbezug auf ein größeres Ganzes statt.

Der Kreis in seiner existenziellen und psychologischen Bedeutsamkeit

Im Kreis ist man im Sein, während man im Kreuz das Sein erleidet und seine Spannungen zu verbinden sucht und während man im Quadrat wie auch im Dreieck das Sein gestaltet.

Im Kreis erfährt man sich – wie vom Horizont rings umgeben – inmitten des Erdkreises, ja des Weltenraums, des Universums, man findet sich inmitten des größeren Ganzen.

Zugleich erfahren wir uns in dem Mikrokosmos unserer körperlichen Existenz. Wenn ich mich um mich selbst drehe, beschreibe ich einen Kreis. Ich erfahre, dass dieser Kreis ich bin, dass mein Körper den Raum dieses Kreises einnimmt. Es ist mein Umkreis, der Radius meines unmittelbaren Daseins. Alles in ihm ist gleich weit vom Zentrum entfernt, damit auch miteinander ausgeglichen. Mit meinem Kreis übereinzustimmen heißt, mit mir selbst kongruent zu sein. Im Kreis bin ich bezogen auf mein Zentrum, was immer das für mich ist. Letztlich wird es mein »Selbst« sein, mein innerster Wesenskern, dessen Peripherie zugleich mein bewusstes Ich überschreitet.

Der Kreis hat etwas Offenliegendes, Überschaubares, Klares: Es kann sich nichts in irgendwelchen Ecken verstecken und verschlupfen, da diese Form keine Ecken kennt. Sich selbst im Zeichen des Kreises zu verstehen heißt, sich durchsichtig zu werden, sich auch offen zu legen, sich auslegen zu können.

Im Kreis bin ich geborgen, umschlossen, klarer umschlossen noch als im Viereck. Dennoch empfinde ich mich weniger eingeengt. Dieses vergleichsweise freiere Gefühl muss damit zusammenhängen, dass der Kreis eine naturgemäßere, harmonischere, entspanntere Form bildet als das Quadrat mit seinen rechteckig konstruierten Kanten.

Wenn wir uns fragen, was wir uns gerne in einem Kreis vorstellen würden, so könnte es gut ein lebendiger Mensch sein. Kleine Kinder schon befinden sich gerne in einem Kreis. Es gibt zahlreiche Kreisspiele, Kreistänze, auch Kreisrituale, in denen sich die Bezogenheit zwischen Peripherie und Mittelpunkt ausdrückt. Es ist auch heute noch etwas Besonderes und Festliches, wenn viele Menschen einen Kreis bilden. Wir kennen es bei Tänzen, im Rahmen von Hochzeiten oder auch von Taufen. Bei der kirchlichen Handlung der Abendmahlsausteilung stehen Menschen oft im Kreis.

Es mag gelegentlich etwas mitschwingen von der besonderen Verbundenheit der Tafelrunde um König Artus, die auf der Suche nach einem höchsten Wert und Ziel war, wenn sich Menschen auch heute im Kreis zusammensetzen und um einen runden Tisch versammeln. In dem Traum einer Dreißigjährigen, in dem sich die ausgebeutete Nordsee aus Rache zu einer ungeheuren Sturmflut erhebt, können sich die aufgeschreckten Küstenbewohner nur retten, indem sie sich zu einem riesigen Kreis sammeln, der langsam zu zirkumambulieren beginnt um eine geheimnisvolle Mitte, eine Schale, gefüllt mit Wein, an den heiligen Gral erinnernd. Angesichts dieser Rückkehr zur Ehrfurcht legt sich der Zorn des Meeres, und die Springflut weicht zurück. In einigen weltumspannenden Bewegungen unserer Zeit, die in den siebziger und achtziger Jahren ihren Ausgang nahmen, wie in der feministischen und in der Umwelt- und Friedensbewegung, werden Rituale wieder neu entdeckt und neu gestaltet, die große Kreise von Menschen zusammenführen. Dabei soll eine Zusammengehörigkeit von Frauen und Männern neu erfahren werden, die sich für ein gemeinsames Ziel einsetzen und in den Ritualen Kraft dafür gewinnen.

Eindrucksvoll bleibt mir der weite Kreis, den gut zweihundert Frauen im Rahmen einer feministischen Tagung im Park der Evangelischen Akademie Hofgeismar bildeten. In schweigender Erwartung standen sie einander gegenüber in der Stille dieses Parks mit den alten Bäumen, nur von einigen Vogelrufen unterbrochen, während langsam die Abenddämmerung hereinbrach und die schmale Sichel des Mondes sichtbar wurde. Das unsichtbare gemeinsame Zentrum dieses Kreises war eine Hoffnung auf Wiederentdeckung und Wiederbelebung alter weiblicher Lebenssymbole, die Frauen helfen könnten, ihr Selbstverständnis und ihre Selbstgewissheit neu zu begründen.

Eines der Symbole des runden Ganzen, das hier wieder entdeckt wurde, war der Mond in seinem Phasenwechsel vom aufgehenden über den vollen Mond bis zum abnehmenden, der schließlich in den Neumond mündet. Auch dieses Symbol des »runden Ganzen« hat zyklischen, rhythmischen Charakter, ist ein uraltes Zeitsymbol des Werdens und Vergehens. Neben dem bei uns eingebürgerten Zeitmaß des Sonnenjahres wird von den Frauen in wachsendem Maße das Mondjahr wieder entdeckt mit seinen wechselnden Phasen. Es entspricht dem ein neues Bewusstwerden unseres Eingebundenseins in den Rhythmus der Jahreszeiten, wie sie von der dreigestaltigen Göttin – der jungfräulichen Frühlingsgöttin, der reifen Sommergöttin und der um Ernte und Tod wissenden Herbst- und Wintergöttin – verkörpert werden. Das bekannteste Muster dieser dreiphasigen Gottesvorstellung, die die gesamte Geschichte der frühen Kulturen durchzieht, ist die griechische

Alfred Manessier, Wächter am Grab: Der schwere, runde Stein verschließt die Grabkammer, aus der bereits Licht dringt.

Vorstellung von jener dreifaltigen Tod-im-Leben-Gottheit, die im Grunde immer nur die eine große Göttin ist.

Der Kreis ist ursprünglich mütterlicher Raum, er symbolisiert Wesen und Wirkungsweise der Großen Mutter, die alle verbindet, die zum Kreis gehören, Zentrum wie Peripherie.

Alfred Manessier, Auferstehung: Der zersprungene Stein gibt eine ungeheure Lichtenergie, gleichsam die Ostersonne, frei.

Der Kreis hat aber auch etwas Ausschließendes: Schutz bedeutet immer Einschließen nach innen, Ausschließen nach außen. So kann der Kreis – gerade auch ein Menschenkreis, der sich um bestimmte Ideen zusammenschließt – etwas Ausschließendes haben. Es gibt Spiele – auch in der Gruppentherapie angewandt –, in denen einer versuchen muss, mit aller Kraft in einen fest zusammengeschlossenen Menschenkreis hineinzukommen, ihn zu durchbrechen, um so sein Isolationsgefühl zu überwinden.

Wenn wir andererseits unsere Sprache befragen, so kennt sie zwar Ausdrücke wie »umkreisen«, »in sich kreisen«, »einkreisen«; sie kennt aber kein »aus-kreisen«. Das mag damit zusammenhängen, dass der Kreis als lebendige, dynamisch bewegte Form nicht endgültig auszuschließen vermag: Auch wenn zum Beispiel der engere Freundeskreis eines jeden Menschen andere Menschen derzeit ausschließt, so geschieht das doch nicht grundsätzlich. Es ist bis dahin Außenstehenden möglich, in den engeren Freundeskreis eines anderen eingeschlossen zu werden. Auch politische oder spirituelle Kreise schließen zwar in ihrem jeweiligen Bestand diejenigen aus, die sich nicht auf den gleichen Wert, der ihre Mitte bildet, beziehen; sie sind aber grundsätzlich offen für alle, die sich auf diese Mitte hin beziehen wollen. Das gehört zum Charakter des Kreises und gilt, solange die Form des Kreises eingehalten wird, solange sie sich nicht zu einer anderen Gestalt verfestigt. Der Kreis muss andererseits geschlossen sein: Es würde seiner guten Gestalt – im Sinne der Gestaltpsychologie von Köhler und Lewin – widersprechen, wenn er als Kreis eine Lücke, ein Loch enthielte. Schon beim Aufstellen von Stühlen im Kreis empfindet man es als Unstimmigkeit, wenn größere Lücken entstehen. Der Kreis ist konstitutiv eine geschlossene Gestalt: Eine Lücke würde ihn als Grundfigur noch mehr zerstören, als sie zum Beispiel ein Quadrat stören würde.

Eine Bewegung von besonderer Bedeutsamkeit ist das Umschreiten, das Ausschreiten einer Kreisperipherie. Indem es geschieht, besteht eine ständige Bezugnahme, Bezogenheit auf die Mitte, deren Bedeutsamkeit im Umwandern immer stärker empfunden und verinnerlicht werden kann. Aber auch das Im-Kreis-Gehen selber, sofern es ein wirklich auf den Kreis bezogenes und nicht ein Umherirren im Nebel ist, hat beruhigende, klärende, zentrierende Funktion.

So begann eine Frau (etwa fünfzig), als sie die aufwühlende Nachricht von der Krebserkrankung ihres Mannes bekam, täglich einen nahezu kreisrunden See in ihrer Umgebung zu umwandern (siehe Abb. S. 101). Zu der Zeit malte sie auch eine Serie von Bildern, von denen ich eines beschreiben möchte: Die Frau gestaltete den Weg um einen See, den sie in ihrer inneren Unruhe immer wieder gegangen ist, zu einem Symbol der Meditation einer geheimnisvoll unheimlichen Mitte, der Tiefe eben dieses Sees, der zugleich ein Bild für die Unheimlichkeit ihres Schicksals, aber auch für ihre eigene nicht auszulotende Tiefe ist.

Die ganze Landschaft samt den Häusern, auch samt der dunklen Kirche, die sie in der Realität immer wieder an Tod und Ewigkeit erinnert hatte, komponierte sie im Kreisrund um diesen Weg, der alle diese Stationen berührt und in die Umwanderung integriert. Vor allem findet sie mit der Brücke über den Abfluss des Sees ein symbolisches Zeichen für den möglichen Übergang auf die jeweils andere, die dunkle, ungewisse, schicksalsschwere Seite, zu der auch die dunkle Kirche gehört – einen Übergang, den sie auf dem Bild der gleichen Serie, das diesem vorausging, noch nicht gefunden hatte. Dieses Bildsymbol des Runden war ihr in der Zeit innerer Angst ein wirklicher Halt, ein Sinnzeichen. Das Bild als Ganzes gesehen gleicht einem Spiegel, in dessen Rund sie sich selbst und ihre Lage immer wieder betrachten kann. Zugleich hat diese Komposition eine denkwürdige Verwandtschaft mit dem ägyptischen Lebenszeichen, dem Ankh-Zeichen, das an der Basis aus einem Kreuz besteht, das von einem Sonnenzeichen wie von einem Haupt gekrönt wird. In diesem Zeichen steckt gewiss die Hoffnung auf neues Leben, selbst über die Todesgefahr hinaus.

Beim Umwandern eines Kreises weiß ich mich mit jedem Schritt gleich weit vom Zentrum entfernt und gleicherweise nah dem Zentrum, doch immer auf das Zentrum bezogen. So kann ich möglicherweise ein allzu stürmisches Ausschlagen des Pendels, das mein inneres Gleichgewicht anzeigt, auffangen, ausgleichen. Im Kreis zu sein heißt, wie wir sagten, im Sein zu stehen, umfasst, ausgewogen, aufgenommen zu sein. Im Kreis zu sein heißt, letztlich im Urvertrauen zu sein.

Haben wir die Quadratfigur mit dem zwanghaft strukturierten Menschen, um Fritz Riemanns Typologie[3] zu gebrauchen, die Kreuzfigur mit dem schizoiden in Beziehung gebracht, so bietet sich für die Kreisfigur ein Bezug zum depressiv strukturierten Menschen an. Er steht unter dem Bann des Kreises, insofern er in den Mutterarchetyp, der ja ebenfalls durch den Kreis symbolisiert wird, wie eingeschlossen ist; deshalb muss er selbst versuchen, für alle anderen Mutter zu sein, um dadurch die Wertschätzung und Zuwendung der Beziehungsperson zu bekommen. Für den Depressiven wäre es eine Lösung, wenn er wagte, er selbst zu werden, also in das Ganze seines Wesens einzutreten, als dieser Ganze präsent zu werden: Auch seine Beziehungen könnten dadurch verändert und ganz werden. Für dieses Ganz-Werden, dieses Zu-sich-Kommen und Zu-sich-Stehen wäre der Kreis in einem neuen, umfassenderen Sinn wiederum das Symbol. Vielleicht ließe sich der Weg eines depressiven Menschen aus der Umschlossenheit vom Mutterarchetyp bis zum Finden des eigenen Lebensradius in Gestalt von mehreren konzentrischen Kreisen darstellen, die sich immer mehr erweitern und so den Umfang des ersten überwachsen.

Diesen Weg könnten zwei Bilder aus der Passions- und Osterserie von Alfred Manessier[4] versinnbildlichen: Schwer wie ein Stein, schwer wie eine »Todesmutter« liegt der schwarze runde Kreis quer über den beiden Grabkammern, die das Gartengrab Jesu darstellen (siehe Abb. S. 104 und 105). Aus der gleichen Rundform, die als solche die »Große Mutter« anzeigt, wird die darin gebannte Lebensenergie frei, als die schwarze Hülle zerspringt und den Energiekreis, genauer den »Energieball« freigibt, den Manessier »Auferstehung« nennt. Die rundumwirbelnden schwarzen Teile zeigen an, dass es sich um Anteile der gleichen Form handelt, die den schweren schwarzen Stein bildete, die aber jetzt ihren Energiekern und die darin enthaltenen Kräfte freisetzt, so dass eine neue Sonne wie ein neuer Planet entstehen kann. Das heißt für Manessier Ostern, sowohl im kosmischen wie auch im seelischen Bereich.

Ein letzter Gesichtspunkt: In der Kreisfigur symbolisiert der Mensch sein Verhältnis zur Zeit, wie wir uns klarmachten. Der Kreis ist also für den Menschen eine Projektionsfolie, auf der er die Zeit abbildet. Das bekannteste Beispiel hierfür ist das runde Zifferblatt der Uhr, auf das viele nur ungern zugunsten eines digitalen Zeitanzeigers verzichten, da dieser nur Zeitangaben, aber keinerlei Symbolik enthält. Insofern symbolisiert der Kreis auch das Ausschreiten der Lebensphasen, der Lebensalter, bis sich jeweils »die Kreise schließen«, etwas Ausgeschrittenes zu Ende kommt und etwas Neues beginnen kann und muss. Der Kreis als Zeitsymbol impliziert also eine Weltsicht, nach der wir zu dem Ursprung, von dem wir ausgegangen sind, zurückkehren, nach dem Anfang und Ende also wieder zusammenkommen. Es ist dies die Zeitvorstellung von der »ewigen Wiederkehr aller Dinge«, eine Vorstellung, die durch das Symbol des Kreuzes durchkreuzt und dialektisch erweitert werden kann. Es gibt denn auch viele Bildgestaltungen, vom irischen Radkreuz angefangen bis zu modernen mandalaförmigen Zeichnungen, die Kreis und Kreuz in eine Figur zusammenbringen. Die Notwendigkeit einer Verbindung von Kreis und Kreuz beschreibt auch Heinrich Rombach[5] in einer meditativen Reflexion:

Kreuz und Kreis

Kreuz und Kreis sind die ältesten
und elementarsten Zeichen.

Beide im Gegensatz,
das eine hart, gerade und widersprüchlich.
Das andere rund, weich und schwingend.

Das alte irische Steinkreuz verbindet beides
in wechselseitiger Durchdringung: der Kreis bekreuzt
sich mit Kreisen –
das Kreuz umfasst eine Kreisbewegung.
Was sagen diese Zeichen?
Kreis bedeutet Fülle, Reichtum, Gabe,
auch Freude, Achtung, Wert.
Was uns wichtig ist, kreisen wir ein; was uns lieb ist,
umringen wir.
Ring und Reif sind Symbole des Lebens
und der Einheit. Auch der Sonne.

Kreuz besagt Differenz, meint Gegensatz, Widerspruch,
Auch Streichung.
Es dient zur Markierung, zur Zeichnung,
zur Brandmarkung.

Es sagt Ereignis, Tat, Bruch, Schmerz und Tod.
Kreis und Kreuz, wenn vereint,
können nur so gelesen werden: Durchbruch zur Fülle,
Ereignis und Einheit durch einmalige Tat,
kurz Überwindung …

Die Spirale – das Über-sich-hinaus-Sein

Zur Einstimmung

Die Brandungswelle

Aus der dunklen Weite des Meeres, vom Ostwind lebhaft herangetrieben, wölbt sie sich auf, die heranflutende Woge, spürt Boden, spürt Sandgrund und bäumt sich empor wie eine sprungbereite Feder, wie ein emporschnellendes Pferd. Die Sonne bestrahlt von vorn den sich aufrollenden Wellenleib, lässt ihn aufblitzen in Türkis und Weiß – bis er sich in mächtigem Bogen überschlägt, unter Donner hinabstürzt als Wasserfall, in einem Rausch von Gischt sich einwirbelnd zur energiegeladenen Spirale, um unten in der Tiefe gurgelnd neu anzusetzen und sich aufzurollen zur nächsten Brandungswelle.

Wen eine solche Woge je erfasst hat beim Spiel mit der übermächtigen Brandung, der weiß, wie es ist, wenn sie einen plötzlich hineinreißt in ihre urtümliche Wirbelbewegung, gegen die Widerstand sinnlos ist, bis sie einen gnädig wieder ausschleudert und ans Ufer rollt. – Es ist nichts anderes als die große Drehung der Lebensspirale, die nur dem zum Salto mortale wird, der sie nicht mitvollzieht.

Die Spirale als Gestalt

Die Spirale, zweidimensional gesehen eine Linie, die sich aus sich selbst entrollt, ist eine offene, dynamische Figur, die von Drehung zu Drehung über sich hinausweist. Von einem Punkt ausgehend, den sie in immer neuen Umdrehungen umkreist, lässt sie sich grundsätzlich bis ins Unendliche fortsetzen. Dabei gewinnt sie bei jeder Umkreisung an Energie: an Expansionskraft, wenn wir ihren Verlauf von innen nach außen, an Konzentration, wenn wir ihren Verlauf von außen nach innen betrachten. Sie verbindet die beiden Pole des Anfangens und des

Der gekreuzigte Weltenrichter: irisch, 8. Jh., Bronzedeckel, der in seinem Brustraum die Spiralbewegung des Lebens trägt, in der die auswärts drehende Richtung des Lebens und die einwärtsdrehende des Todes sich verbinden.

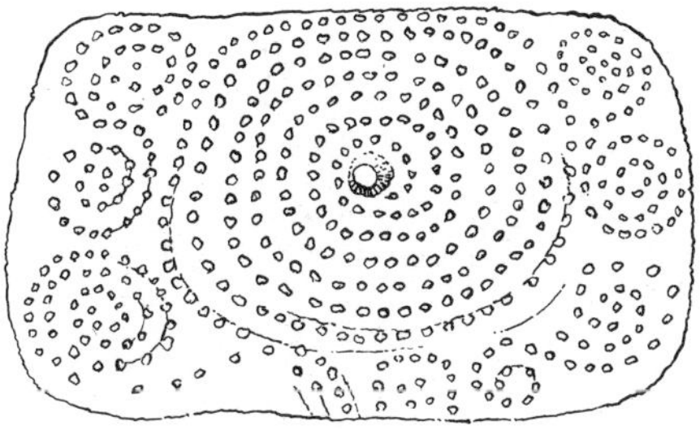

Die älteste Spirale
Spiral-Talisman aus dem Paläolithikum, Baikal-See, Sibirien.
Das früheste Fundstück mit einem Spiralmotiv, aus Mammutknochen gefertigt, aus einer Höhle, in der Bestattungsrituale stattfanden. Es zeigt eine siebenfache Spirale, die von vier Doppelspiralen umgeben ist.

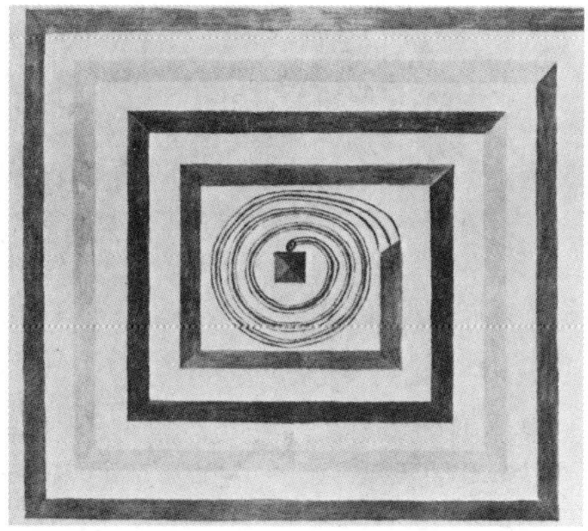

Zeichnung aus dem Unbewussten einer Patientin zu Beginn der Analyse, wo der linksdrehende Spiral-Weg auf ein Zentrum zuzuführen beginnt.

Endens, des Werdens und des Sterbens in ihrer dynamischen Gestalt und zeigt, dass sie untrennbar sind.

Wir können sie als zweidimensionale, in der Fläche ruhende Spirale auffassen, wie sie in Gestalt von Meditationsbildern, Sandbildern, Felseinritzungen und in den Mosaiken kultischer Tanzplätze erscheint; wir können sie uns auch dreidimensional vorstellen, wie sie bei nach oben wachsenden Lianen, auf Schneckenhäusern, an Uhrfedern sichtbar wird oder in den Flugbahnen aufsteigender Jets. Der dreidimensionalen Spirale begegnen wir auch in den nach unten ziehenden sogartigen Wirbeln des Wassers, bei Wendeltreppen oder in den Gängen der Bergwerke. Spiralen werden in der Natur gebildet von Wind und Wasser, von Wolken und Wogen, von allem, was der Wind treibt, von Sand und von Schnee.

Von alters her unterscheidet der Mensch zwei Spiralformen: die linksdrehende, die, von der Mitte aus gesehen, entgegen dem Uhrzeigersinn läuft, und die rechtsdrehende, die, von der Mitte aus gesehen, mit dem Uhrzeiger geht. Die linksdrehende Spirale bezeichnet als sich einrollende den Weg zurück zum Ursprung, zum Mutterleib und auch zum Tod. Die rechtsdrehende Spirale stellt als sich aufrollende die Entfaltung zu Leben und Zukunft, die Evolution dar. Als rechtsdrehende ist sie Symbol für alle Vorgänge und Prozesse der Emanation, der Expansion, der Entwicklung, steht sie für die zyklische Kontinuität im Fortschreiten, für eine schöpferische Umkreisung eines Problems oder eines Werkes. Sie zeigt die immer wiederkehrenden Rhythmen des Lebens, die in fortschreitender Wiederholung bestehen, und ist von daher der kosmischen Symbolik des zunehmenden Mondes verbunden, den Meeresgezeiten, der steigenden Flut und der Fruchtbarkeit überhaupt. Meerestiere wie Muschel und Schnecke haben die Spiralzeichnung in besonderer Ausprägung, Seepferdchen und Krabben nehmen die eingerollte Form der Spirale an.

Die linksdrehende Spirale wiederum hat mit der Involution zu tun, mit dem Zurückkehren zum Ursprung, mit dem abnehmenden Mond also, mit der Ebbe und dem Tod.

Die Doppelspirale, die zu den ältesten Symbolzeichen der Menschheit gehört, ist Sinnzeichen für die Zusammengehörigkeit von Leben und Tod. Im Grunde ist jede Spirale in sich schon eine Doppelspirale, indem sie sich immer zugleich von innen nach außen – als Zeichen der Extraversion, des Weltgewinns – wie auch von außen nach innen – als Zeichen der Introversion, der Rückkehr ins Zentrum – lesen lässt.

Um eine Form in ihrem ganzen Ausdrucksgehalt wahrnehmen und verstehen zu können, brauchen wir unser Körpergefühl, müssen wir sie mit dem Körper nachtasten und nachvollziehen. Wir können diese Urform des Lebens mit den Augen nachvollziehen, können uns in ihren Ausdrucksgehalt meditativ versenken, wir können sie aber auch mit dem ganzen Körper erleben, die Figur der Spirale tanzend, wie es die alten Kreter und viele andere frühe Völker während ihrer Frühlingsfeste zu tun pflegten. Im Winter können wir die Spirale auf Eis mit den Schlittschuhen durchgleiten. Sie lässt sich zu Pferde durchreiten oder einfach durchhüpfen, wie es die Kinder noch heute in den alten Spielen üben, zum Beispiel bei »Himmel und Hölle«. Beim Tanzen der Spirale wird dabei eine Erfahrung gemacht, die das Kreisen mit der Dynamik der Expansion und der Kontraktion verbindet. Das Tanzen um die eigene Achse, allein oder auch als Paar oder als Teil einer Gruppe, bringt eine Ganzheitserfahrung auf körperlicher Ebene mit sich, ein Eintauchen in die Dynamik des Lebens. Das Tanzen kann gerade auch nach depressiven Zuständen eine außerordentlich befreiende Wirkung haben.

Kinder haben oft das Bedürfnis, einen Garten oder Platz in Gestalt einer Spirale zu durchlaufen, in immer engeren und schnelleren Kreisen, bis sie in der Mitte erschöpft umfallen und dabei das glückliche Gefühl haben, am Ziel zu sein.

Auch als Spiel im Sand oder im Schnee ist das Ausschreiten einer Spirale beliebt. Kinder mögen es, im unberührten Schnee die Spur einer Spirale zu gehen und auf genau denselben Fußstapfen aus dem Mittelpunkt wieder zurückzukehren, bis ein Weg entsteht. Wird beim Ausschreiten einer zweidimensionalen Spirale auf der Ebene vor allem die

Erfahrung eines Weges gemacht, der in regelmäßiger Umkreisung einer imaginären Mitte ins Zentrum führt beziehungsweise beim Rückweg seinen imaginären Radius immer mehr erweitert, so vermittelt das Durchwandern einer dreidimensionalen Spirale – sei es beim Ersteigen eines hohen Turmes oder beim Begehen einer Wendeltreppe, sei es im aufsteigenden Flugzeug – die Erfahrung, Höhe zu gewinnen. Kommt bei der aufsteigenden Spirale die Erfahrung des Kreisens mit der Erfahrung von Höhe zusammen, so verbindet sich bei der absteigenden Spirale das Kreisen mit der Erfahrung von Tiefe. Bei der liegenden Spirale verbindet sich die Grunderfahrung des Kreisens mit der von Expansion oder auch Kontraktion.

Nach spontanen Assoziationen zur Spirale gefragt, nannten Studenten die Erfahrung des Umkreisens eines Problems. Etwas an ein und derselben Stelle zu umkreisen, sich im Kreise zu drehen, könne letztlich doch Stillstand bedeuten, die Spirale aber lasse Öffnung erleben, die Möglichkeit, einer Lösung näher zu kommen. Ein Problem spiralig zu umkreisen heiße, es im Sinne eines Lösungsprozesses zu umkreisen. Wenn eine Entscheidung zu fällen, wenn ein Ausweg zu finden sei, kreise die innere Wahrnehmung immer wieder spiralförmig, nach der Stelle suchend, an der der Kreis sich zu einer Lösung hin öffnen könne. An weiteren Assoziationen kam angesichts der aufsteigenden Spirale vor allem die Vorstellung, sich in geistige Höhen hinaufzuschrauben, überhaupt die Vorstellung von Geistigem. Die Spirale ziehe zu einem Punkt hinan, dieser Punkt lasse Höheres imaginieren bis hin zur Annäherung an Transzendentes.

Die nach unten führende Spirale wurde mehr mit dem Körper, mit der Tiefe in Verbindung gebracht. Es komme darauf an, sich in diese Tiefe hinunterzuschrauben, sich in sie zu versenken, bis dorthin, wo eine wesentliche Umkehr erfolgen könne. Auch mit dem Herabkommen aus dem Kopf und dem Intellekt in die Zone des Sexuellen, des Triebhaften, des Leiblichen überhaupt wurde die hinabführende Spirale assoziiert.

Die liegende Spirale wurde mehr mit der Vorstellung der Mitte verbunden. Sie bezeichne einen Weg, der in ein inneres Zentrum führe. Introversion und Extraversion im weitesten Sinne seien mit ihr ausgedrückt und angesprochen. Ins Zentrum zu kommen und wieder hinausgehen zu können – das werde mit der Spirale beschrieben. Sie habe mit einer Selbstbegegnung, die weit über bloße Ichfindung hinausführe, zu tun, von der aus man in neuer Weise in die Umwelt zurückgehen könne. Neben der individuellen wurde auch eine kollektive

E·IGI TUR·
CLEMENTISSIME·PATER

Der Taifun Odessa im Umfeld von Hawai in seiner spiralförmigen Dynamik, fotografiert aus dem Raumschiff Discovery am 6.9. 1985. Der Wirbel dreht sich entgegen dem Uhrzeigersinn und hat ein ausgeprägtes »Auge«.

Bild linke Seite: Tau-Kreuz mit Lebensspirale
Initial-Blatt eines Evangeliars. Das T-Initial ist kunstvoll zu einem Tau-Kreuz ausgestaltet, an dessen Spitze der lebendig-lehrende Christus in einer Halb-Mandorla erscheint und aus dessen Mitte eine allumfassende Lebensbewegung entspingt, die sich spiralförmig über den ganzen Bildraum ausbreitet. Zusätzlich sind, wie in jedem echten Mandala, die vier Ecken betont, hier durch weitere vier große Spiralen, die, der verdoppelten Vertikalachse des Kreuzes entspringend, sich entweder rechtsläufig - in Lebensrichtung – aufrollen, oder linksläufig - in Todesrichtung - einrollen. Zugleich sind sie völlig eingeflochten in das Kreisen der zentralen Spirale. Ein Kreuz-Mandala, das im Zeichen der Spiralbewegung Tod und Leben eng verbindet und dabei den Tod vom Leben umfasst und überwunden zeigt.

Erlebnisweise für dieses Symbol angesprochen: Mittels der Spirale lasse sich ausdrücken, wohin sich eine ganze Generation oder eine geistige Strömung bewege.

Allgemein wurde die zweidimensionale Spirale, die Schneckenspirale, als die ursprünglichere empfunden, aus der sich die dreidimensionale Spirale entwickelt habe. Sie habe eine Dimension mehr und damit mehr Bewegung und Dynamik als die Schneckenlinie, lasse sich auch mit einer neuen psychischen Entwicklungsstufe vergleichen. Umkreisung und Höhe kämen in dieser Figur zusammen und ließen sie als Bild für weiträumige Entwicklungen innerhalb eines Lebensweges geeignet erscheinen. Die zweidimensionale Schneckenspirale dagegen zeige mehr eine einmalige Wegstrecke der Erweiterung oder der Konzentration. Die dreidimensionale Spirale wurde als das Prinzip der Bewegung im Raum, die zweidimensionale Spirale als Verlauf eines Weges in der Ebene empfunden. Wie in der Physik Bewegung und Weg gesondert berechnet werden, sind auch die beiden Spiralformen gesonderte Größen, die aber eng aufeinander bezogen sind. Sie sind abhängig voneinander: Wie kein Weg ohne Bewegung denkbar ist, so entsteht auch aus jeder Bewegung ein Weg.

Die zweidimensionale Spirale ist also eine Form, die sich nach innen immer mehr konzentriert, wobei das Feld, das die Umlaufkurve einschließt, immer kleiner, die Spirale selbst dafür immer energiegeladener wird. Am innersten Punkt erfolgt der Ursprung, eine Art Quantensprung, entweder in Richtung nach außen, hin zu neuer Ausfaltung und Evolution, oder – wenn die Spirale dreidimensional räumlich vorgestellt wird – zu einer neuen Drehung auf der nächst höheren Ebene beziehungsweise auf einer nächst tieferen. So zieht die Spirale, die links in das Meeresbild einer fünfzigjährigen Frau eingesenkt ist, das mitgehende Bewusstsein in immer größere Tiefen.

Die Spirale als natürliche und als symbolische Form

Die Symbolik der Spirale leitet sich wie fast alle Symbolik von den Formen her, die wir in der Natur beobachten, und von dem, was diese Formen für uns ausdrücken. Die Spirale erweist sich schon in der Natur als eine Urform allen Lebens.

Vom menschlichen Embryo in seiner frühesten Entwicklungsgestalt bis hin zum kosmischen Spiralnebel zeigt sie Leben in dynamischer Bewegung, Leben in Entwicklung. Die Spiralbewegung des Lebens lässt sich immer doppelt vollführen – nach einwärts in doppelter Bedeutsamkeit zu lesen: von innen nach außen und von außen nach innen, als Evolution und als Involution. Wie das junge Farnblatt sich ausrollt, so rollt das welkende sich ein; die Schnecke verlässt ihr gewundenes Haus und zieht sich wieder dorthin zurück. In der Spirale spiegelt sich der polare Verlauf des Lebens: in seinen Richtungen der Extraversion und der Introversion, in der Entwicklung allen Lebens vom Keim bis zum Höhepunkt und seiner darauf folgenden Wiedereinrollung hin zum Altern und zum Tode.

Schon in den frühesten Spiraldarstellungen, wie sie in den Megalith-Kulturen auf Malta und Gozo, auf Kreta und in Irland zu finden sind, sind beide Drehrichtungen bekannt und in ständig wechselndem Rhythmus festgehalten: die nach rechts sich ausfaltende Spirale als Symbol des sich entfaltenden Lebens, die nach links sich einrollende als Symbol des Sterbens. Auf Opferaltären, auf Begräbnisstätten, besonders eindringlich auf Altären der Großen Mutter auf Malta sind beide Symbole einander gegenübergestellt – aber immer beide zugleich. Die sich einrollende und die sich ausrollende Spirale waren auch Figuren kultischer Gruppentänze, zum Beispiel in der mykenischen Epoche auf Kreta, in der vermutlich das Mutterrecht herrschte. Sie sind als Frühlingstänze bekannt, welche die Wiederkehr des Lebens – in Analogie zu der Rettung der zur Opferung vorgesehenen jungen Männer und Frauen durch Theseus am Leitfaden der Ariadne – zeigten. Auf alten kultischen Tanzplätzen ist ein Spiralmuster eingezeichnet, das die entsprechenden Tanzfiguren umreißt. Aus anderen archaischen Kulturen wird Ähnliches berichtet: Die Pueblos tanzten zu Neujahr Spiraltänze und begleiteten sie mit entsprechenden Gesängen. Auch die mystisch-kosmischen Rundtänze des Sufi-Ordens gehören in diesen Zusammenhang. Von den Mayas ist die Spirale als Symbol der Wintersonnenwende überliefert: Der Winter bildete den Punkt Null der Spi-

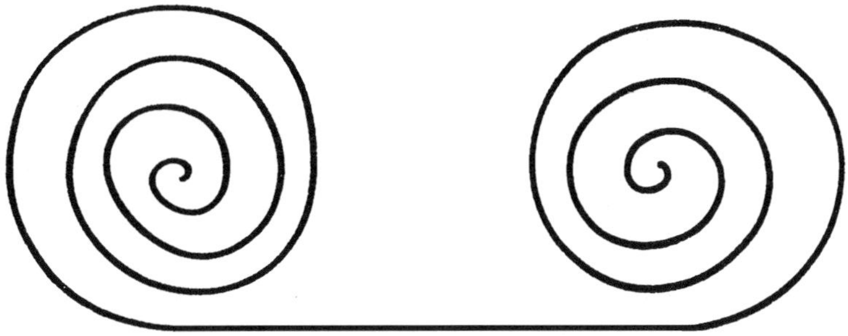

Doppelspirale

rale. Um sicherzustellen, dass die Sonne wieder aufsteigen würde, wurde um die Sonnenwende ein kultisches Ballspiel gespielt. Eine späte Form eines solchen Musters ist das Labyrinthmosaik vor dem Altarraum der Kathedrale zu Chartres, eines von den vielen, die sich in den großen Kathedralen fanden, nachweislich Spielfelder eines österlichen Ballspiels, das sich mit einem Schreittanz durch das Labyrinth verband. Tod und Auferstehung Christi wurden entsprechend der Symbolik der Spirale und des Ballspiels, das ein altes Sonnenspiel ist, dargestellt, anknüpfend an den Gang des Theseus in die Todesspirale des Minotauruslabyrinths, um dort die zum Opfer Bereiten herauszuführen in die Spirale des Lebens. Am Faden der Ariadne geschah diese Befreiung, Zeichen dafür, dass weibliche Kräfte, Weisheit aus matriarchalen Zeiten, hier Pate standen.

Nikolaus von Cues hat ein kosmisch-divinatorisches Kugelspiel erfunden, in dem ein Ball die konzentrischen Kreise des Spielfeldes, die Sphären des Himmels, spiralförmig durchläuft. Er stellt das dynamische Element gegenüber den konzentrischen Kreisen dar. Älter noch sind Feldlabyrinthe aus dem germanischen und keltischen Bereich: Dort wurden kultische Begehungen, auch Umritte, durchgeführt, um durch ein Mitvollziehen der Einkehr in den Herbst- und Todesbereich oder der Umkehr an der Wintersonnenwende der Sonne und damit dem Neubeginn des Lebens und des Frühlings zum Wiederaufstieg zu verhelfen. Sehr alt ist auch die Darstellung der zum Labyrinth erweiterten Spirale als eines Weges und Reiseplans für die Seele nach dem Tode, die durch vorgesehene Umwege und Verwandlungen schließlich den Ort ihrer ewigen Bestimmung erreicht.

Labyrinth in Chartres, 12. Jh.

Die Spiralen beziehungsweise die Labyrinthe gleichen auch dem System der Gedärme: Ein Aufnehmen der Nahrung, ein Verdauen, ein Wiederausscheiden ist symbolisiert, ein Verarbeitungsvorgang, der auch

433 *Friedensreich Hundertwasser, Das Ich weiß es noch nicht, 1960*

psychischen Verdauungs-und Integrationsprozessen vergleichbar ist. Auch den Windungen des Gehirns, den Bewusstseinsvorgängen also und geistigen Verarbeitungsprozessen ist das Labyrinth nachgestaltet. Die Labyrinthspirale gleicht vor allem einem verschlungenen Weg, und vielfach wird sie daher in vorchristlicher und mittelalterlicher Zeit (siehe Abb. S. 116), aber auch in der Moderne der Symbolik des Lebensweges zugeordnet.

Der österreichische Maler Friedensreich Hundertwasser hat an vielen Stellen seines Werkes das Spiralsymbol aufgegriffen. Am deutlichsten bezieht er es mit dem Titel seines Bildes »Der große Weg« auf die Wegsymbolik. Links unten in der symbolischen Ecke des Unbewussten, der Probleme, beginnt dieser Weg, der sich nach mehrfachen Stauungen und Verdünnungen in der Mitte des Bildes zu einem tiefblauen Quadrat konzentriert.

Eine sehr vital gestaltete Spirale enthält das Bild mit dem geheimnis- und verheißungsvollen Titel »Das Ich-weiß-es-noch-nicht«, das im Jahre 1960 entstand. Die Spirale erscheint seit 1953 in Hundertwassers Bildern: vielleicht als Nachklang seiner Aufenthalte in Marokko und Tunis. Wie Paul Klee hat er dort entscheidende malerische Eindrücke empfangen; es geht ihm auf, wie stark auch Klee von dieser Landschaft und Kultur inspiriert war: »Es war in Marrakesch, als ich zum ersten Mal realisierte, dass Klee nur auf die Art gemalt hat, die die Araber jahrhundertelang betrieben haben.« Der häufige Gebrauch von Kurven und Spiralen greift auf die Arabesken der islamischen Kunst zurück, ebenso wie die Weise, viele Formen scheinbar ohne Anfang und Ende darzustellen. Die organisch-vegetativen Formen hat Hundertwasser natürlich zuerst im Jugendstil vorgefunden. Dessen stilisiert-sensitive Wogen-, Lianen- und Algenlinien gehen auch in seine mäanderartigen Kompositionen ein. Doch er lässt uns noch genauer wissen, was die Spirale für ihn bedeutet: »Für mich ist die Spirale ein Symbol des Lebens. Ich glaube, die Spirale ist dort, wo die Materie aufhört zu sein und beginnt, etwas Lebendiges zu werden. Meine Spirale ist keine geometrische Spirale, sie ist eine biologische Spirale, die nicht mit dem Zirkel nachgemessen werden kann. Sie hat Ausbuchtungen, Widerstände und Partikel in der Mitte und an den Rändern. Meine Spirale wächst vegetativ.«[1] Diese Aussage gilt nicht nur für dieses Bild, sondern für seine Technik überhaupt. Sie kann davor bewahren, seine Gestaltungsweise zu rational zu verstehen und zu betrachten: »Das einzige, was man tun kann, ist, sich so vorzubereiten, dass die übernatürlichen Impulse – oder wie immer man sie nennen will – einen erreichen können. Das heißt vorbereitet sein. Das heißt Willkür, Intelligenz und seinen Wunsch, es besser zu machen, auszuschließen als Ehrgeiz. Ich würde gern ein Magier der Vegetation genannt werden oder so ähnlich – ein Magier, der eine Malerei füllt, bis sie voll ist von Magie, von vegetativer Magie, von magischer Vegetation, so wie einer ein Glas Wasser füllt. Alles ist unendlich einfach und unendlich schön.«

Wie entwickelt sich die Spirale in »Das Ich-weiß-es-noch-nicht«? Ihr Zentrum ist ein unregelmäßiges, großes Viereck, gefüllt mit der Magie eines dunklen Blau, das die Tiefen der Seen und des Himmels widerspiegelt, der heiligen Farbe der mittelalterlichen Maler, von denen Hundertwasser neben den Ikonenmalern vor allem Giotto bevorzugt. Wie in der Ikonographie vorgeschrieben, taucht ein kleines, aber markantes Goldfeld neben dem Blau auf: Gold war die Farbe des Heiligen. Erst Klimt und Schiele, die Hundertwasser von den Zeitgenossen am höchsten schätzt, führten es in der Moderne wieder ein. Einen magischen Schimmer von seiner Herkunft aus den Ikonen hat Gold immer behalten, und es teilt ihn auf einer solchen zeitgenössischen Ikone mit, wie Hundertwasser sie malt. Das zweite goldene Feld ist in die Nähe des schwarzen Loches am Rand des Bildes gerückt, der zweiten bedeutsamen Stelle neben dem dunkelblauen Zentrum, das das Auge anzieht. Die schwarze Region ist flächenmäßig etwa ebenso groß wie die blaue. Die Kontrapunktik zwischen Schwarz, das für Dunkel und Abgrund steht, und Blau scheint ein Thema des Bildes zu sein, das die große Wegspirale zu umkreisen und zu umspannen sucht. Wo beginnt oder endet nun dieser Weg?

Es ist mir nicht gelungen, eindeutig festzustellen, was auf diesem Bild als linke oder als rechte Seite zu bezeichnen ist; ob es sich um ein Hoch- oder um ein Querformat handelt. In Wirklichkeit ist es von Anfang an konzentrisch aufgebaut und eben vegetativ gewachsen, wie viele von Hundertwassers Bildern: »Ich male die Bilder nicht so, wie das andere tun: auf der Staffelei, sondern ich male sie waagrecht auf dem Tisch liegend und oft so, dass ich sie um ihre Mitte drehe. In Japan zum Beispiel, wo das Aufstehen und Niedersetzen ja so kompliziert ist, hatte ich ein System, große Bilder zu malen: Ich legte auf den Tisch ein Buch, auf dem das große Bild rotieren konnte, so wie eine Scheibe, so weit der Arm reichte, hin zur Bildmitte, so weit konnte ich das Bild beherrschen und bemalen. Richtig habe ich das Bild erst dann gesehen, als es fertig war – erst, wenn ich Gelegenheit hatte, aufzustehen und es senkrecht zu stellen. Dadurch zeigen sich meine Bilder oft in Draufsicht von oben nach unten oder von unten nach oben – wie die Sternbilder.«[2]

Verfolgen wir nun einmal von außen nach innen, wie diese Spirale vegetativ gewachsen ist. Ich betrachte sie wahlweise im Querformat, wie sie in dem Buch zu der Ausstellung Hundertwasser 1973, New York, reproduziert ist: So gesehen, beginnt der rote Weg rechts unten am Bildrand, markiert durch ein unregelmäßiges braunes Feld. Er zieht sich am rechten Bildrand entlang, schlägt dann nach links eine Kurve und folgt, von Grün gesäumt, dem äußeren oberen Bildrand bis zur Kurve nach unten. Hier verläuft er, als zweite Parallellinie zu einem noch tiefer gelegenen Zufahrtsweg, am unteren Bildrand entlang. Er kreuzt einen querliegenden hellgrünen Formteil und erweitert sich dann, indem er zwei dickere Widerstände und Partikel integriert, die er sich einverleibt. Eine Linkskurve führt ihn wieder senkrecht nach oben, nun parallel zum rechten Bildrand. Er wird hier sehr schmal und hat allerlei Querliegendes, nicht Integrierbares zu überbrücken: das »schwarze Loch«, über das eine regelrechte Überbrückungsanlage mit schmalen, stützenden Querlinien führt. Dieses schwarze Loch kehrt in Hundertwassers Bildern häufig als Motiv wieder. In einer weiteren Linksdrehung durchläuft nun der Weg ein zweites Mal die ganze Bildfläche, parallel zum Verlauf der ersten Wegrunde, überquert noch einmal braune Felder,

Grünflächen und querliegende Formationen. Beim Ansatz zur dritten Wegrunde fügen sich zu den bisherigen roten nunmehr violette Wegspuren, die bei der vierten Umgehung überwiegen. Immer wenn er parallel zum rechten oder linken Bildrand verläuft, verdickt sich der Weg. Erst bei der fünften Wegrunde wird er von zwei querliegenden blauen Rechtecken so stark blockiert, dass er an der nächsten Biegung endet. Nun läuft er nur noch als schmaler violetter Pfad entlang des Wasserweges weiter, der seine bisherige Funktion, zum Zentrum zu geleiten, übernimmt. Auch als Wasserader endet er nach einer sechsten Wegrunde an der gleichen Ecke. Allerdings ist ein unterirdischer Verlauf unter dem braunen Erdreich vorstellbar, da eine kurze Strecke weiter der Wasserweg wieder auftaucht und nach einer siebenten Umrundung beim blauen Zentrum einmündet. Andererseits sind senkrechte Brückenpfade aus kleinen aneinander gefügten Rechtecken aus einer weiter außen liegenden Wegrunde direkt zum Zentrum geführt.

»Das Ich-weiß-es-noch-nicht« erweist sich nach einer ersten Durchwanderung als vielfältiges Gelände mit mannigfachen Hindernissen, die teils integriert, teils umfangen, teils durchtaucht, teils überbrückt werden müssen, um zu dem Zentrum, dem magischen Blau-Ouadrat, vordringen zu können. Ein komplexes Gleichnis unseres Lebensvollzuges also ist dieses »Das Ich-weiß-es-noch-nicht«. Es ist Bild für die äußere Kultivierung dieser Landschaft, der Erschließung neuer Energiequellen, und bedeutet das Gleiche auf der Ebene der Psyche. Hundertwasser greift hier das alte Labyrinthmotiv auf, das in zahlreichen frühen Kulturen als Steinlabyrinth in der freien Landschaft, auf dem Feld, zu finden war. Es galt, das Labyrinth zu durchschreiten, auch bei Gefahr, sich zu verirren, bis man zum Zentrum vorzudringen vermochte. Hier erfolgte eine Drehung um 180 Grad, und man hatte den Rückweg, oft nicht weniger gefahrvoll, anzutreten. Die Labyrinthdurchwanderung galt als rituell gleichnishafter Nachvollzug der Wandlung, vom Sterben zum Neuwerden, der meist im Rahmen der Frühlingsfeste begangen wurde, oft als Initiationsritus.

Schon vor Hundertwasser war Gustav Klimt einer der modernen Meister der Spirale. Als einer der Hauptvertreter des Jugendstils arbeitete er mit der pflanzenhaft geschwungenen Lebenslinie, die er auf das feinste auf die arabeskenhaften Umrisse seiner Porträts abzustimmen weiß und die er in der Flächenornamentik der Hintergründe ihre Eigensprache entfalten lässt, Entwicklung und Wandlung, Leben und Tod beschwörend, weit davon entfernt, bloße Dekoration zu sein. Das Bild »Der Lebensbaum«, das durchgehend aus dem Formelement der Spi-

Gustav Klimt, Lebensbaum Stocletfries 1905-1909

rale besteht, gehört zu dem so genannten Stocletfries, den Klimt 1905 bis 1909 für den Wiener Architekten Joseph Hoffmann entwarf. Er sollte Teil eines für das Stoclethaus in Brüssel bestimmten Mosaikfrieses werden, zu dem auch die bekannten Darstellungen Klimts »Erwartung« und »Erfüllung« gehören.

Im rhythmischen Wechsel formt sich das Astwerk dieses Lebensbaumes – in Klimts »goldenem Stil« gehalten – aus ineinander greifenden rechts- und linksläufigen Spiralen, introvertierten und extravertierten, die Vergangenheit und Zukunft symbolisch umfassen: Die linksläufige Todesspirale gehört also in das Geäst des Lebensbaumes, ist symbolisch von ihm umfasst und in ihn integriert. Nistet doch auch der schwarze Vogel mit seinen weißgesäumten Schwanzfedern in ihm wie ein wachsamer Schicksalsbote. Zu ihm in Beziehung stehen wohl auch die schwarzgesäumten Ringe und Ovale – innen meist in Weiß –, die, wenn wir über ihre dekorative Wirkung hinausgehen, auch die Narben abgebrochener Äste, also die Narben verschiedener Schläge, die der Lebensbaum verkraften musste, kennzeichen könnten. Hinzu kommt – auf diesem Ausschnitt der Baumkrone fünfmal vertreten – ein Augenmotiv, ein Doppelauge, in einem aufrechtstehenden Blattbäumchen, das von ferne an das ägyptische Horusauge erinnert, das Auge des Gottes, das über das Geschick der Seinen wacht: Hier enthält der Lebensbaum, das Leben selber, diese aufmerksamen Augen. Auch das Motiv des auf der Spitze stehenden, also weiblichen Dreiecks ist mehrfach im Lebensbaum vertreten: grün und in Vierer- oder Fünfergruppen im Geäst; schwarz und einzelstehend im Stamm. Enge Beziehung zum Weiblichen in seinem grünen Wachstums- wie in seinem schwarzen Todesaspekt hat also dieser Lebensbaum. Der Boden, aus dem er wächst, ist umgeben von einem Blütenteppich. Der Stamm ist übrigens kurz im Vergleich zu den Maßen der gewaltigen Krone: Dieser Lebensbaum entfaltet vor allem die Krone, das heißt das Symbol des Oberen, des geistig-seelischen Bereiches. Klimts Lebensbaum enthält und veranschaulicht alle Spielarten der Spirale: die rechtsläufige, die Lebensspirale, die auch nach oben rechts, zur Bewusstseinsseite hin ausläuft (oben rechts und mehrfach in der oberen Gabelung des Stammes zu beobachten). Er enthält die linksläufige Spirale, die auch links – symbolisch zum Unbewussten hin – endet (die größte Spirale dieser Art findet sich auch auf dem untersten Ast rechts). Wir haben aber auch die linkslaufende Spirale vor uns, die nach rechts, zum Bewusstsein hin, sich ausrollt, wie die rechtslaufende, die sich nach links, zum Unbewussten hin, auftut. Zudem öffnen sich die einen nach oben, so dass sie auf dem Ast zu stehen, die anderen nach unten, so dass sie eher am Ast zu hängen scheinen.

All diese Spiralformen sind uralt, seit dem Paläolithikum überliefert, Zeichen, die – früher magisch, heute psychologisch verstanden – elementare Lebensprozesse nachbilden. So zeigt die rechtslaufende Spirale, die nach links endet, einen sich immer weiter ausfaltenden Lebensvorgang, einen Bewusstseinsprozess, der sich nach voller Ausfaltung, zum Beispiel nach expansiver beruflicher Entfaltung in der Öffentlichkeit, gerade wieder nach innen zu wenden beginnt, dem mehr persönlichen Leben, vielleicht sogar ausdrücklich der Introspektion, der Meditation zu. Eine linkslaufende Spirale, die sich nach rechts öffnet, kann eine introvertierte Entwicklung ausdrücken, die bis zur Isolierung von den Mitmenschen führte, die sich aber, nachdem sie voll durchschritten ist, zurück zum Du-Pol wendet. An der Bewegung der Spirale, in der sich letztlich immer die voll entfaltete Form zur Gegenbewegung hin wendet – auch die linkslaufenden Spiralen, die sich zunächst nach links öffnen, bekommen auf Klimts Lebensbaumbild zuletzt wieder die Rechtswendung zum Stamm hin –, lässt sich überhaupt die Enantiodromie als ein Grundrhythmus, ein Grundgesetz des Lebens begreifen: ein Gesetz, das der Menschheit seit den Frühkulturen der Megalith-Zeit, die matriarchale Kulturen waren, vertraut ist. Ihre wesentliche Erkenntnis, die sich in der Doppelspirale darstellt, besagt: Tod und Leben sind keine einander ausschließenden Gegensätze, sie sind durch ein übergreifendes rhythmisches Gesetz miteinander verbunden, aneinander gebunden. Dieses Gesetz liegt auch dem Rhythmus der Jahreszeiten, dem Mondwechsel und den ihnen zugeordneten matriarchalen Tänzen zugrunde, die von Frauen der Gegenwart wieder entdeckt und neu gestaltet werden. Wir könnten den apokalyptischen Ängsten unserer Gegenwart anders begegnen, wenn wir nicht auf den Tod als »unzerstörbaren Zerstörer«, wie nekrophiles patriarchales Denken ihn nennt, fixiert blieben, sondern ihn an das unbesiegbare Leben gebunden wüssten und uns wieder mit ihm verbänden.

Gustav Klimt hat die Kontrapunktik von Leben und Tod in seinem Werk immer wieder aufgenommen: ausdrücklich in seinem Bild »Tod und Leben« von 1916, das auch unter dem Eindruck des Ersten Weltkriegs entstanden ist. Hier taucht die Spirale ausschließlich auf dem roten Gewand der jungen Frau und dem der Mutter auf. Der hier in persona auftretende Tod ist durch Kreis und Kreuz symbolisiert. In den Bildern »Erwartung« und »Erfüllung« bildet das Spiralmuster des Lebensbaums den Hintergrund für das wartende beziehungsweise für das

Gustav Klimt, Studie zu »Erwartung« für den Stoclet-Fries, um 1907.
Neben den steil aufragenden Dreiecken im Gewand der erwartungsvollen Frau, deren ganze Gestalt ein schmales hohes Dreieck bildet, sind es die vielfältigen Spiralen, die zusammenhängende Ranken mit sich einrollenden und sich ausrollenden Doppel- und Dreifachspiralen, die das ganze Umfeld der Erwartungen ausfüllen, ihre sich ausspielenden, aus und -einrollenden Gedanken, Sehnsüchte und Hoffnungen symbolisierend.

vereinte Paar. In »Der Kuss« bilden Spiralen eine atmosphärische Aura, die die beiden Liebenden umhüllt wie ein Mantel. Im Gewand des Mannes – durch Rechtecke charakterisiert – und im Gewand der Frau – durch Kreise und Wellenlinien gestaltet – kehrt das Motiv des sie beide und die Phasen ihrer Beziehung umschließenden Spiralmantels wieder, der die Frau vom Rücken her ganz umgibt, der aber auch um den umarmenden Nacken- und Schulterbereich des Mannes liegt. Die Doppelspirale ist sogar in den Mantel des Mannes hinein verwebt.

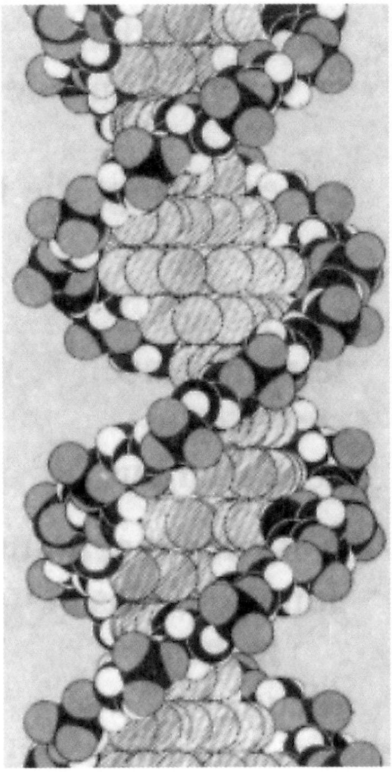

DNS-Doppelhelix
Die beiden Stränge tragen den genetischen Code

Nicht nur in der modernen Malerei taucht die Spirale vielfach auf, sie scheint auch im umfassenderen Sinn als ein kulturelles und religiöses Symbol unseres und des künftigen Zeitalters aufgefasst zu werden. Der Hamburger Graphiker J. H. Löffler geht in seinen fotografischen und graphisch-symbolischen Arbeiten der umfassenden kulturellen Bedeutung des Spiralsymbols nach. Er nennt die Spirale »das Symbol der Symbole«. Das spiralartige Programm der Evolution (DNS, DNA) und die Spiralnebelgalaxien sind für ihn in ihrer inneren Übereinstimmung Hinweise auf die Gesetzmäßigkeit der ganzen Schöpfung. So hat er eine »Spiral-Weltflagge« entworfen, die auf lichtblauem Grund einen Spiralnebel in der vollen Vielfalt des Farbspektrums zeigt. Er hält sie für eine Vereinigung und Überwindung aller nationalen Symbole bei der Entwicklung eines neuen übergreifenden kosmischen Bewusstseins. In einer Symbolanalyse über ursprüngliche Formen als Ausdruck des Bewusstseins in Architektur und Umwelt setzt er das universelle Bewusstsein der Spirale dem »Pyramidenbewusstsein«, dem »Kubusbewusstsein« und dem »Kugelbewusstsein«, die ihm vorausgingen, entgegen. Löffler hat meditative Texte geschrieben und kreative Übungen entwickelt, in denen der Ausdruckswert der Spirale meditativ nachvollzogen werden kann.

»Spir – All
Ein Schlüsselwort
Die Silbe Spir –
wird einatmend nach innen gesprochen
oder gedacht
die Silbe All –
wird ausatmend nach außen gesprochen
oder gedacht.«

Für Löffler bedeutet die nach unten führende dreidimensionale Spirale schlicht: in sich gehen, und die nach oben führende dreidimensionale Spirale: aus sich herausgehen.

Eine weitere Spiralmeditation Löfflers enthält folgende Anleitungen zur Atmung und zur Drehung im meditativen Tanz:

»Der Atem geht durch die Nase
langsam und tief ein und aus.
Durch tiefes Ein- und Ausatmen
stabilisierst du die Dehnbewegungen in dir.
Durch die Drehbewegung übst du Hingabe,
durch die tiefe Atmung zentrierst du dich.
Die Drehung führt spiralartig in dich hinein.
Lass dich durch die Spiraldrehung
so weit wie möglich in dich hinein tragen,
sperre dich nicht.

Der Blick ist nach innen gerichtet,
die Gedanken fließen ab.
Lass dich vom Gedankenstrom tragen,
die Gedanken kreisen um einen Punkt,
der Denkvorgang ist ein spiralartiger Strudel.
Im Zentrum des Gedankenstrudels
werden die Gedanken vereinigt mit dem Wesentlichen
und dadurch aufgelöst;
aus der Gedankenleere entspringt die Quelle der Schöpfung.

Nach der Meditation stehe auf
und drehe dich mit deinem ganzen Körper
nach rechts vom Herzen weg –

diese Spiraldrehungen führen aus dir heraus.
Stehe still und lass die Bewegungen ausschwingen,
atme tief und ruhig durch die Nase ein und aus.
Übertreibe das Drehen nicht
sonst wird dir schwindelig.
In dich gehen – gehe in dein Herz
aus dir herausgehen – komme aus deinem Herzen.«[3]

Der symbolisch interessierte Flügel der weltweiten Frauenbewegung greift zurück auf die matriarchale Bedeutung der Spirale und versucht die alte Tradition der matriarchalen Spiraltänze zu erneuern. In ihrem hierfür grundlegenden Buch »The Spiral Dance« beschreibt die amerikanische Autorin Starhawk solche neuen Rituale und beginnt auch hier mit Imaginationen:

»Imaginiere eine Doppelspirale. Wenn du sie klar siehst, lasse sie wachsen, bis du selbst in ihr stehst, folge ihr einwärts, entgegen dem Uhrzeigersinn. Sie wächst in die Höhe und wird schließlich ein Labyrinth von steinernen Mauern: Seine Windungen sind der Durchgang zu einem verborgenen Geheimnis. Wenn du dich durch die Spirale bewegst, löst sich die Welt auf, die Form löst sich auf, bis du in das verborgene Herz kommst, wo Geburt und Tod eins sind.«

In der Folge der Übung führt Starhawk die Imaginierende in die Tiefe der Erde:

»Du bist im Bauch der Göttin, frei fließend. Fühle dich nun angeregt, dich durch die Spirale hindurchzubewegen, die der vaginale Durchgang zur Neugeburt ist. Bewege dich im Uhrzeigersinn durch die Doppelspirale deiner DNA.«[4]

Ein assoziatives Gedicht von H. J. Löffler zeigt die ganze Fülle der Phänomene, die durch eine Begegnung mit der Spiralform als einem Symbol für das Bewusstsein unserer Zeit erschlossen werden.

»Begegnungen durch die Spirale:

Sri Aurobindo
und der spiralartige Grundriss von Auroville,
der Zukunftstadt in Indien.

Die Spiral-Architektur
im Guggenheim-Museum in New York
von Frank Lloyd Wright.

›Spiralik‹
der neue sakrale Baustil
für das Wassermannzeitalter.
Leobrand – Welt-Spirale Österreich.

›Die Messias-Maschine‹ von Daruisch Al-Khooss
mit dem Spiralwirbel-Energietransformer
in Syrien.
Vorgestellt durch Ahmad Khammas.

›The Mystik Spiral-Journey of The Soul‹.
Unterschiedliche Erscheinungsarten der Spirale.
Jill Purck in England.

›Wir mussten annehmen: Es walte in der Vegetation
eine allgemeine Spiraltendenz, wodurch,
in Verbindung mit dem vertikalen Streben,
aller Bau, jede Bildung der Pflanzen
nach dem Gesetz der Metamorphose vollbracht wird‹
Goethe.

›Der ganze Strudel strebt nach oben,
du glaubst zu schieben und du wirst geschoben‹
Goethe, Faust.

Der Förster und Erfinder Viktor Schauberger
in Österreich
erkannte die spiralartige Gesetzmäßigkeit der Natur
und deren aufbauende Wirkung.

Das ›Sensible Chaos‹ von Theodor Schwenk
zeigt Spiralwirbel
als strömendes Formenschaffen
in Wasser und Luft.

›Phänobjekte‹ von Hugo Kükelhaus
Wahrnehmung von Naturerscheinungen
mit spiralartigen Bewegungsformen.« [5]

Die Spirale in ihrer existenziellen und psychologischen Bedeutsamkeit

Die Spirale ist das Über-sich-hinaus-Sein, das Sich-Transzendieren nach der Höhe und nach der Tiefe hin. Höhe zu gewinnen durch Umkreisen, Tiefe zu gewinnen durch Umwandern einer dabei erspürten Mitte ist der Sinn jeder Spiralbewegung. Sie mitzuvollziehen heißt, sich zu konzentrieren durch immer engeres Umfassen der inneren Realität,

Heilungs-Mandala (Sandbild) der Navajo-Indianer
Dieses Sandbild, das sich aus dem viergeteilten Kreis-Zentrum und vier Schlangen-Spiralen samt einer umfangenden Schlange zusammensetzt, dient der rituellen Heilung eines Erkrankten, der in die Mitte platziert wird.

durch immer bewussteres Lassen der äußeren, bis die eigene Mitte erreicht ist.

Was könnte ich mir gut in einer Spiralbewegung vorstellen? Den Flug eines Vogels, bis er in immer höheren Kreisen meinen Blicken schließlich entschwindet, den Flug eines Segelflugzeugs, in das ich mich selbst hineinversetze, bis es in die Wolken eintaucht, sie schließlich durchstößt und hinter sich lässt, immer noch höher steigend, weiterkreisend in das entgrenzte Blau. Wenn wir der Spirale eine der Riemannschen Strukturen zuordnen wollen, so müsste es wohl die des Hysterischen sein, die sich positiv in seiner Fähigkeit zu Höhenflügen ausdrückt, der Fähigkeit, sich zu begeistern, sich und andere über Grenzen hinauszutragen.

Negativ steht der Hysterische in der Gefahr, »abzuheben« – ebenfalls ein Ausdruck der Fliegersprache –, zu übertreiben, die Feder zu »überspannen«, sich selber zu »überdrehen«: Ausdrücke, die alle das Bild der Spirale enthalten. So kann es ihm geschehen, dass er bei seinem Flug in die Sonne abstürzt wie Ikarus. Narzisstisch gekränkt rollt er sich dann ein, igelt sich ein, zieht er sich zurück in sein Schneckenhaus.

Die Spiralgestalt als sich einrollende stellt den Vorgang der Introversion dar, das In-sich-Gehen, das Reflektieren als ein Zurückkommen auf sich selbst. Somit kann sie auch Bild für den Vorgang der Psychotherapie werden. Sie kann auch ein Schutzsuchen, einen Rückzug auf sich selbst ausdrücken, wie wir ihn an der Schnecke, die sich in ihr spiralig gewundenes Haus zurückzieht, gut beobachten können. Sie kann ein Sich-Einrollen in Embryostellung bedeuten, psychologisch verstanden: Regression. Je nachdem, auf welchem Niveau dieses Regredieren erfolgt, können wir es unter einem mehr positiven oder mehr negativen Aspekt sehen. Regression aber steht, wie psychotherapeutische Erfahrung zeigt, immer wieder am Anfang neuer Entwicklung. Es gilt jeweils wieder hinter die schon erreichte Bewusstseins- und Entwicklungsschwelle zurückzugehen, hinter alle bereits verfestigten Strukturen der Person; es gilt dem Bisherigen auf den Grund zu kommen, genauer – im Sinne der Spirale – eine neue Einwärtsdrehung zu vollziehen, um eine Wandlung einleiten zu können.

Psychotherapeutische Prozesse beginnen im Allgemeinen damit, die Lebensgeschichte eines Klienten nach rückwärts aufzurollen, um gerade dadurch den Ansatzpunkt für eine neue Entwicklung zu finden. Häufig erweist sich dieser Anfangspunkt zugleich als der Tiefpunkt der bisherigen Entwicklung, als ein Nullpunkt, von dem aus eine Wendung um 180 Grad erfolgen kann. Diesen Umschlagspunkt bezeichnet die

Mitte der Spirale. Jede Spirale kann ja, und das macht dieses Symbol so vielschichtig, einerseits als sich einrollende und andererseits als sich ausrollende verstanden werden, je nach Standort und Perspektive des Betrachters.

Als sich ausrollende verstanden, symbolisiert die Spirale den Vorgang der neuen Entwicklung, der Evolution neuer Kräfte und Möglichkeiten. Nach der Phase der Introversion zeigt sie die Notwendigkeit einer neuen Phase der Extraversion, der Wiederzuwendung zur Außenwelt, zu den Beziehungspersonen.

Stellt die Spirale als sich einrollende gleichsam die »Hinreise in die innere Welt« dar, so die Spirale als sich ausrollende die »Rückreise in die äußere Wirklichkeit«. Die Navaho-Indianer praktizierten ein Heilungsritual mit Hilfe eines Spiralsymbols, das sie als Sandbild anlegten (siehe Abb. S. 133). Die physische und psychische Wiedergeburt des Erkrankten, der in das in Sand gezeichnete Symbol hineingenommen wird, wurde rituell mitvollzogen. Das Symbol besteht aus vier verschiedenartigen Schlangen, die aus einem spiraligen Mittelpunkt entspringen und die vier Seiten der Ganzheit des Erkrankten darstellen, die wiederhergestellt werden soll.

Wie die Spirale in alten Kulturen ihre symbolisch-rituelle Funktion, die der Heilung und die des symbolischen Sterbens und Wiedergeboren-Werdens erfüllte, dient sie auch heutigen Menschen als ein spontan aus dem Unbewussten auftauchendes Ausdrucksmittel, das helfen kann, Situationen der Bedrohung, wie physische und psychische Krankheit, zu bestehen.

Eindrucksvolles Beispiel dafür ist die Spirale, die ein neunjähriger Junge malte, der die erste Begegnung mit dem Thema Tod zu bewältigen suchte (siehe Abb. S. 136). Im Zentrum der Spirale setzt er an. Der Ursprungsort der Spirale ist ein Kinderwagen in einem grünen Feld, von einem Lebensbaum überdacht, beides umgeben von Violett, der Farbe der schöpferischen Spannung. In einem Wechsel von farbigen Feldern setzt er den spiralig angeordneten Lebensweg fort, der die Entwicklung des Kindes über das Spiel- und Schulalter bis zu einer ersten Beziehung mit dem anderen Geschlecht und schließlich zur Geburt eines eigenen Kindes, eines Kindes der nächsten Generation also, verfolgt. Dabei parallelisiert er die Entwicklung dieses Kindes ständig mit der Lebensgeschichte, der Geburt, Paarung und Vermehrung eines Tieres, einer Maus, sowie der Entwicklung eines Baumes. Allein durch diese Parallelisierung mit dem Lebensrhythmus von Tier und Pflanze fügt der Junge seine Erfahrung des Todes in ein größeres Ganzes ein, in

Spiralzeichnung eines Neunjährigen, in der er eine erste Todeserfahrung zu verarbeiten sucht.

eine Symbolik des Werdens und Vergehens. Im Uhrzeigersinn, also im Sinne des sich entfaltenden Lebens, lässt dieser Junge die Spirale des Lebensweges verlaufen. Doch lässt er sie nicht rechts, in der Richtung offener Zukunft enden, sondern – unter dem Schock der Todeserfahrung – nach links oben ausbiegen, als bräche sie aus ihrer angestammten Richtung aus, um schließlich bei der schwarzen Kirche – oder ist es ein Sarg mit Kreuz? – einzumünden. Aber hier endet sie nicht, sondern der Junge führt den Weg mit einem roten Pfeil, der die Kirche durchkreuzt, weiter zu einem ungewöhnlichen schöpferischen Bildgedanken: Er lässt den Menschen, um dessen Tod es geht, vielleicht auch sich selbst, in einem neuen farbigen Kreis wiedererstehen, mit freudig hochgestreckten Armen, einer Gebärde, wie sie innerhalb der Spirale nur noch das kleine Kind in den Armen seiner Eltern macht. Dieser auferstandene Mensch ist rot gekleidet, in der Farbe des Lebens, doch er befindet sich nicht mehr inmitten einer dynamisch weiterlaufenden Spiralfigur, sondern außerhalb ihrer, inmitten konzentrisch ruhender Kreise, die die Primärfarben Rot, Gelb und Blau in sich tragen, die reinen Farben, die auch die Lebensspirale schon enthielt, denen nun aber keine gebrochenen Mischfarben mehr beigesellt sind. Es fällt auf, dass dieser

Violette Wogen: Malerei aus dem Unbewussten einer Frau (ca. 50), das anzeigt, wie ihre seelische Energie nach links und in die Tiefe gezogen wird.

konzentrischen Kreisfigur, die im Gegensatz zu der Zeitdynamik der Spirale für »ewiges Leben« stehen mag, die schwarze Farbe fehlt, die in der zeitlichen Lebensspirale von der Wiege an mitging und die sich zuletzt in der schwarzen Kirche verdichtet. Mir scheint, dass dem Jungen mit diesem Spiralsymbol für das Leben, das in den Tod als konzentrisches Kreissymbol mündet, eine Gestaltung geglückt ist, die eine altersgemäße Verarbeitung der anders nicht zu fassenden Todeserfahrung anzeigt. Es ist ihm noch nicht möglich, Leben und Tod von einem übergreifenden Rhythmus umfasst zu sehen, aber in seiner Gestaltung ist der Ansatz zur Doppelspirale enthalten. Durch die Spiralfigur umkreist er seine Geburt, sein Dasein als sich entfaltende Entwicklung, gemeinsam mit Tier und Pflanze, die sich in immer weiteren Ringen erschließt, bis sie schließlich aus der bisherigen Richtung ausbiegt, um in den Tod zu münden.

Im Traum einer fünfzigjährigen Frau stellt sich das Thema anders dar: Von einem geistvollen alten Philosophenfreund wird ihr ein kostbares Kästchen geschenkt, auf dessen Deckel eine Uhrfeder eingelegt ist. Der Deckel wirkt wie das Zifferblatt einer Uhr, stellt aber eine linksdrehende dreidimensionale Spirale dar, deren Ende in das Innere des

Uhrwerks führt. Ihr wird zu einem Zeitpunkt, da das Leben seine Mitte überschritten hat und sich wieder einzufalten beginnt, ein Symbol gegeben, das ihr helfen kann, in der nun vor ihr liegenden Lebensphase »Sinn« zu finden. Der Philosoph, der ihr das Kästchen schenkt, sagt ihr: »Das ist die Zeit.« Die auftauchende Spirale zeigt an, dass es nun darum geht, der anstehenden Tendenz zur Introversion und Introspektion – die Spirale ist linksdrehend – den Vorrang zu geben gegenüber Tendenzen zur Extraversion, die die erste Lebenshälfte mit ihrem beruflichen Einsatz gekennzeichnet hatten. Zugleich vermittelt ihr der Traum eine Ahnung davon, dass die Uhrfeder ins Innere des Kästchen einmündet, dass sie also, wenn sie der Spirale folgt, Einblick in das Geheimnis des Uhrwerks bekommen kann, das das Ganze bewegt. Die Begegnung mit dem Todesaspekt unseres Daseins, vermittelt durch die Gestalt eines Wissenden, kann dazu führen, selbst wissend, weise zu werden und die Richtung der neuen Lebensphase zu akzeptieren: die Zirkumabulatio nach innen, den Weg zu sich selbst, anzutreten.

Im Vergleich zu dem Neunjährigen verläuft die Spiralrichtung des Weges der Fünfzigjährigen umgekehrt. Der Tod wird hier nicht als ein Ausbiegen aus der natürlichen Lebensrichtung vorgestellt, sondern als ein Einmünden der bisher zweidimensionalen Lebensperspektive in eine neue Dimension, in die Tiefe, in das Innere des Uhrwerks, in das Geheimnis des Lebens.

> »Ich lebe mein Leben in wachsenden Ringen,
> die sich über die Dinge ziehn.
> Ich werde den letzten vielleicht nicht vollbringen
> aber versuchen will ich ihn.«
>
> *Rainer Maria Rilke*

Immer wieder gestalten Analysanden gerade zu Beginn ihrer Psychotherapie Bilder, die das Spiralmotiv enthalten. Die meist mit starker motorischer Bewegung unter dem Mitgehen des ganzen Körpers entstehenden Spiralen zeigen an, dass die psychische Energie in Fluss kommt, sich mächtig ausfaltet und aufrollt oder auch wie von einem Sog in ein Zentrum gezogen wird. Gelegentlich stellt sich das auch so dar wie im Bild einer anderen etwa fünfzigjährigen Frau (siehe Abb. S. 137), die durch die Spiralbewegungen des Wassers die Tendenz ihrer psychischen Energie ausdrückt: auslaufende Wogen, die aber in der Ausrollung stecken bleiben und rückwärts rollen, wodurch ein Sog in die Tiefe entsteht in Gestalt einer tauchsiederartigen plastischen Spirale, die hinabzieht. Die seelischen Energien dieser Malerin können sich nicht nach außen befreien, nicht nach außen auslaufen und ausströmen und erzeugen dadurch einen Sog zum Unbewussten hin, der auch seelische Gefahren enthält.

C. G. Jung hat die Spirale als eines der zentralen Symbole, die innerhalb des therapeutischen Prozesses auftauchen können, verstanden, zugleich als ein Symbol, das den therapeutischen Prozess als solchen darstellen kann. In »Psychologie und Alchemie« gibt er den Traum eines jungen Ingenieurs wieder, in dem dieser durch den Brief einer unbekannten Frau erfährt, dass sie Schmerzen im Uterus habe. Dem Brief der Unbekannten ist im Traum eine Zeichnung beigefügt, die eine linkslaufende Spirale darstellt.

Die weibliche Seite dieses jungen Mannes selbst, seine Anima, so erläutert Jung, »übermittelt die Nachricht von schmerzhaften Vorgängen im lebensschaffenden Zentrum«[6]. Hat sich die Frau des Traumes womöglich eine Spirale zur Empfängnisverhütung einsetzen lassen? Vielleicht ist der junge Mann ein Mensch, der sich bisher schwer tat, neue Entwicklungen anzunehmen. Die linkslaufende Spirale deutet ebenfalls auf den notwendig gewordenen Prozess der Wendung nach innen hin.

In seiner Studie zu »Psychologie und Alchemie« vergleicht Jung eine ganze Traumserie, in der sich der natürliche Individuationsprozess spiegelt, mit der Verlaufsform einer Spiralfigur: »Der Weg zum Ziel ist zunächst chaotisch und unabsehbar, und nur ganz allmählich mehren sich die Anzeichen einer Zielgerichtetheit. Der Weg ist nicht geradlinig, sondern anscheinend zyklisch. Genauere Kenntnis hat ihn als Spirale erwiesen: Die Traummotive kehren nach gewissen Intervallen immer wieder zu bestimmten Formen zurück, die ihrer Art nach ein Zentrum bezeichnen. Und zwar handelt es sich um einen Mittelpunkt oder um eine zentrierte Anordnung, die unter Umständen schon in den ersten Träumen auftritt. Die Träume als die Manifestationen unbewusster Vorgänge rotieren oder circumambulieren um die Mitte und nähern sich dieser mit immer deutlicheren und umfänglicheren Amplifikationen ... Es ist ja keineswegs vorausgesetzt, dass Traumserien irgendwelchem Ordnungsprinzip unterworfen seien. Bei näherem Zusehen erweist sich aber der Entwicklungsverlauf als zyklisch, beziehungsweise spiralig. Man könnte solche spiraligen Verläufe mit den Wachstumsvorgängen bei Pflanzen in Parallele setzen, wie ja auch das Pflanzenmotiv (Baum, Blume) in solchen Träumen und Phantasien häufig wiederkehrt und auch spontan zeichnerisch dargestellt wird.«[7]

Es gibt eine Möglichkeit, den Weg der Therapie grafisch nachzugestalten, die von Analysanden gern aufgegriffen wird: nämlich gegen Abschluss einer Therapie eine Spirale – besser noch eine Doppelspirale – zu zeichnen, die die Wege, die die Einzelnen nach innen gegangen sind, die sie zurückgelegt haben, mit den entsprechenden Träumen und Bildern sowie dem Umschlagpunkt noch einmal darstellt. Bei solch einem Spiralgestaltungsversuch wurde auch der Traum einer Analysandin noch einmal lebendig, der als Umschlagpunkt ihrer Entwicklung gelten konnte. In diesem Traum musste sie auf einer schlangenartig oder spiralig gewundenen Straße bis in die Talsohle einer tiefen Schlucht hinabsteigen, allerdings schon dabei von der sich immer weiter steigernden Schönheit der Landschaft und der bloßliegenden Gesteinsschichten fasziniert. Auf der Talsohle angekommen, in einem Moment großer Erschöpfung, sah sie auf der anderen Seite der Schlucht den Weg, den sie nun vor sich hatte, wiederum spiralförmig hinaufführend. Hin- und Rückweg und am innersten Punkt die Drehung, der Umschlag, die Wandlung – alles wird in diesem Traum durch die Spirale symbolisiert. Als dreidimensionale Spirale veranschaulicht sie hier zugleich das neue innere Niveau, das erreicht wird und das es ermöglicht, das Problem der jeweils zurückliegenden Ebene zu übersteigen. Dabei ist das Spiralmotiv, ich möchte das noch einmal hervorheben, ein Gegensätze vereinendes Prinzip, was sich darin ausdrückt und auswirkt, dass der Umgang mit Gegensätzen wie der Introversion und der Extraversion, der Wendung nach innen und der Hinwendung zur Welt, dem Sich-Auffalten und dem Sich-Einfalten im Zeichen der Spirale niemals zu Einseitigkeiten führt, sondern immer als rhythmischer Wechsel, als eine Entsprechung zwischen zwei Polen erfahren werden kann. Das ist der innerste Sinn jener doppelten Interpretierbarkeit des Spiralmotivs. Vor allem ist es der psychologische Sinn der Doppelspirale selbst.

Letztlich lässt sich die Spirale als Ausdruck des Individuationsprozesses verstehen, wie C. G. Jung ihn interpretierte: Ausgehend von der Auffassung, dass der Prozess des Lebens von einem »Selbst« initiiert sei, dem dynamischen Zentrum jeder menschlichen Person, beschrieb er den Individuationsweg als die spiralförmige Ausfaltung des Wesenskerns, der jenseits des individuellen Ich liegt. Somit ist die Spirale eine Meditationsform für das eigene Leben.

Das Symbol der Spirale lässt sich grundsätzlich auf jeden Prozess der Bewusstwerdung beziehen. Ihr dynamisches Zentrum, von dem aus sie sich aufrollt, wäre ein autonomer Komplex, der sich konstelliert, in Bewegung gerät und ein energetisches Gefälle bildet, das einen veranlasst, seinen Lebensweg auszuschreiten. Angesichts der dreidimensional verstandenen Spirale wird das Phänomen verständlich, das Jung meint, wenn er vom möglichen »Überwachsen« eines Problems spricht: Als räumliche Figur verstanden, stellt die Spirale eine sich steigernde Kurve, eine »Kurve der Steigerung« (Rombach) dar, die bei jeder Umkreisung auf eine nächst höhere Ebene gelangt – so wie auch der Weg um einen kegelförmigen Berg immer wieder an den gleichen Stellen und Ausblicken vorbeiführt, aber zugleich auf einem neuen Niveau, und sie somit aus einer neuen Perspektive wahrnimmt.

In »Das Geheimnis der Goldenen Blüte« beschreibt Jung den Vorgang des Überwachsens seelischer Probleme, die auf der bisherigen Bewusstseinsebene unlösbar waren, so: »Ich arbeitete stets mit der temperamentsmäßigen Überzeugung, dass es, im Grunde genommen, keine unlösbaren Probleme gäbe. Und die Erfahrung gab mir insofern Recht, als ich des Öfteren sah, wie Menschen einfach ein Problem überwuchsen, an dem andere völlig scheiterten. Dieses Überwachsen, wie ich es früher nannte, stellte sich bei weiterer Erfahrung als eine Niveauerhöhung des Bewusstseins heraus. Irgendein höheres und weiteres Interesse trat in den Gesichtskreis, und durch diese Erweiterung des Horizonts verlor das unlösbare Problem die Dringlichkeit. Es wurde nicht in sich selber logisch gelöst, sondern verblasste gegenüber einer neuen und stärkeren Lebensrichtung. Es wurde nicht verdrängt und unbewusst gemacht, sondern erschien bloß in einem anderen Licht, und so wurde es auch anders. Was auf tieferer Stufe Anlass zu den wildesten Konflikten und zu panischen Affektstürmen gegeben hätte, erschien nun, vom höheren Niveau der Persönlichkeit betrachtet, wie ein Talgewitter, vom Gipfel eines hohen Berges aus gesehen.«[8]

In dem Traum von dem Kästchen, den ich erwähnte, stieg innerhalb des Kästchens eine Spirale auf, dreidimensional-körperlich, die auf immer neuen, jeweils höheren Ebenen die Umdrehung um eine Mitte vollzog. Im Traum hieß es: »Das ist die Zeit.« In der Figur der Spirale ist eine Philosophie der Zeit enthalten.

Beim Ausschreiten einer jeden Spirale verlieren wir Zeit, gewinnen dafür Raum, Lebensraum. Dies ist vor allem bei einem Steinlabyrinth nachzuvollziehen, das zwei Wege in die Mitte des Labyrinths und wieder heraus kennt: einen kurzen, der Zeit spart, aber die räumliche Erstreckung des Labyrinths unausgeschritten, unausgeschöpft lässt, und einen langen, gewundenen, der viel Zeit braucht, dafür aber die Windungen des Labyrinths ausschreitet, Raum gewinnt – und damit, wenn die Labyrinthspirale denn ein Symbol des Lebensweges ist, auch

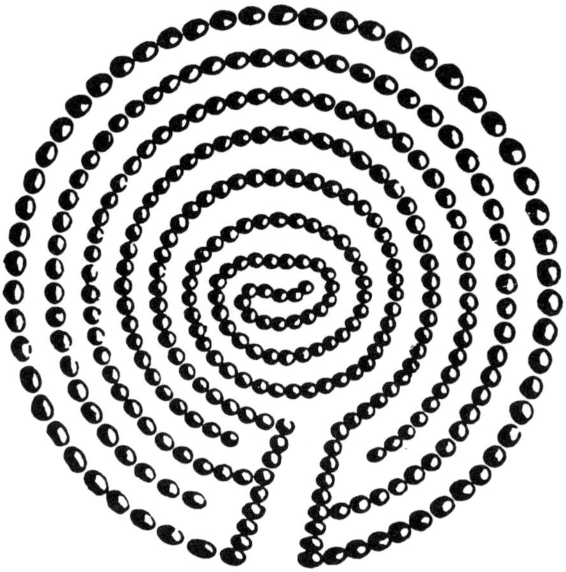

Feldlabyrinth – frühgeschichtliche Steinsetzung auf der Insel Wier

den gesamten Lebensraum wahrnimmt, gewinnt, indem man ihn ausschreitet und ausschöpft. Dieses Labyrinth aus großen Steinen ist 1838 auf der unbewohnten Insel Wier in Finnland gefunden worden.

Heinrich Rombach hat in seinem Buch »Strukturontologie«[9] die Gestalt der Spirale reflektiert und meditiert. Er ordnet sie bezeichnenderweise seinem Kapitel »Möglichkeiten« zu: Möglichkeiten des Abschlusses und des Übergangs sah er von der Spirale in besonderer Weise dargestellt und symbolisiert. Für die Interpretation der Spirale wiederum entwickelt Rombach zwei, beziehungsweise vier Kategorien: Einrollung und Ausklang, Untergang und Ausstoß (oder auch als deren negative Möglichkeit das Ausrinnen). Er beschreibt die Auflauf-Bewegung der Wellen, in der eine Bewegung ihr Ende findet und doch zugleich – indem sie sich in sich selbst zurücknimmt – den Ansatz zu einer neuen Anrollung gewinnt: »Einrollung ist der Grundzug, der sich aus dem Auflaufen ergibt.«[10]

Die so beschriebene Bewegung spiegelt sich in einer Aufzeichnung, die spontan bei der Beobachtung aufrollender Brandungswogen am Strand entstand:

»Voll freudiger Spannung
treibt die Welle auf ihre höchste Höhe
und –
eine Kaskade voll Licht –
bevor sie sich zärtlich dem Ufer gibt,
holt sie sich spielerisch ein,
als wollte sie alle Lichtfunken
einrollen, schützen, verbergen –

um sie im nächsten Ausrollen
ekstatisch – ausgelassen
für einen kleinen Augenblick
wieder zu entbergen . . . «[11]

Einen solchen Abschluss meint der Ausdruck »Vollendung« bei Rombach. Er beschreibt diesen Vorgang so, dass er ihn zugleich auf energetische wie auf geistig-seelische Prozesse hin transparent werden lässt: »Im Auflaufen gibt es keinen Spielraum mehr, keine weitere Möglichkeit. Eine Erweiterung setzt hier nichts hinzu, sondern nimmt hinweg.«[12] Mit dem Wort Einrollung meint er »etwas, das sich so auf sich zurücknimmt, dass es auf den Punkt seiner Identität einläuft«[13]. Als ontologischer Grundzug ist dies nicht als ein Verhalten »am Schluss« zu verstehen, sondern als eine Vollzugsform von Anfang an. Der Entfaltungszug war an jeder Stelle Einrollung, was allerdings erst im Zuge der Entfaltung in steigender Deutlichkeit aufging. Am deutlichsten stellt sich das dar, wenn sich aus der Spirale das Mäandermuster entwickelt, wie es in allen frühen Kulturen – Malta, Kreta, Irland – immer wieder geschehen und ersichtlich ist. Entfaltung und Einrollung erweisen sich in der Mäanderfigur als derselbe Vorgang, das eine Mal vom Ursprung, das andere Mal vom Abschluss her gesehen. Die Entstehung des Mäanders ist so vorzustellen: Aus der sich nach innen immer mehr konzentrierenden Gestalt, die immer energiegeladener wird, erfolgt an einem bestimmten Punkt, nahe der Mitte, ein plötzlicher Umschwung, ja Umsprung der Bewegungsrichtung, der nun die Richtung nach außen, nach neuer Ausfaltung, gleichsam neuer Gestalt, einschlägt. Ein bestimmter Punkt der Einkehr also wird beispielsweise zum Ausgangspunkt einer neuen Außenwendung, die sich alsbald erneut dem Zentrum zuwendet und damit wiederum – um einen neuen Impuls bereichert – die Einkehr sucht. Der Mäander als eines der ältesten Ornamente zeichnet so die Grundspur des Lebens nach, die sich in allem wieder findet: »Äußerlich gesprochen: Fortsetzung. Innerlich gesprochen: Einholung des Ausgangs.«[14]

Die Mäanderform drückt aus, dass bei der Entwicklung, bei der Auffaltung des Lebens, immer wieder das nachfolgende Phänomen im vorhergehenden schon – eingewickelt, eingefaltet – enthalten war, so wie das Erste im Zweiten aufgehoben ist. Dabei erscheint dieser Umsprung als »ebenso unmerklich wie radikal«. Es entsteht ein unableitbarer Umschlag innerhalb der Kontinuität: Eine Zeugung gleichsam findet statt. Die Linie der Mäanderfigur verbindet kontinuierlich das Diskontinuierliche. So ist der Mäander ein »Wunder« und ein »Geheimnis« und konnte darum auch zum Ornament der Mystik werden. Zugleich macht das Mäandersymbol Entwicklungen sowohl im biologischen wie im sozialen und geistigen Bereich transparent: Auch Gruppen, Staaten, Religionsgemeinschaften, Kulturen haben ja ihre Klimax, ihre Eigenheit und Unwiederholbarkeit, zugleich ihre fortzeugende Kraft, die genetische Kurve. Die Spirale ist Bewegungsbild einer Grunderfahrung des Daseins. Sie ist das psychische Symbol einer Daseinsgrundbewegung, eines »Abbiegens« ins Eigene, in den Ursprung, ein Sich-Besinnen auf die Lebensleitlinie. Einkehr meint etwas Ähnliches. Ein sich nicht auf sich selbst besinnendes Dasein kann niemals »den Bogen« finden, den die Spirale als sich steigernde Kurve, als »Kurve der Steigerung« darstellt. Sogar in der Kurvenbesessenheit der motorisierten Jugend lässt sich – so meint Rombach – noch so etwas wie die Sehnsucht danach, den ureigenen Bogen zu finden, ablesen.

Bezeichnend für diesen Zusammenhang erscheint mir der Traum eines Hochschullehrers, der eine spiralförmig nach innen und unten verlaufende Einfahrt in ein Parkhaus zeigt, in das die Studenten auf Fahrrädern einfahren und verschwinden. Die Studenten also erweisen sich in diesem Traum als auf der Suche nach der »Tiefenerfahrung«, fahren auf ihren – im Vergleich zum Auto – mit eigener Kraft betriebenen Rädern ein in die Spirale, die zu dem Parkhaus in der Tiefe führt. Gewiss spricht der Traum nicht nur von den Studenten, sondern auch von den suchenden, lernenden und studierenden Kräften des Träumers selbst, die im Zeichen der Spirale in eine neue Dimension der Tiefe hineinführen und hineinverführen möchten.

Die Spirale der Eile

Noch feiert der Tod
das Leben in dir
Närrin in der Spirale der Eile
jeder Schritt weiter entfernt von den kindlichen Uhren
und näher und näher gefasst vom Wind
dem Räuber der Sehnsucht –
vor Ehrfurcht erheben sich Stühle und Betten
denn die Unruhe ist meerhaft geworden . . .[15]

Nelly Sachs

Die mystische Spirale, Mandala-Fresko aus dem Tempelhof von Paro Dzong, West Bhutan. Die Energie-Spirale geht von der dreifachen Spirale im Zentrum des Universums aus, das von den Kreisen zukünftiger Materialisationen umgeben ist - ein mehrdimensionales Schöpfungs-Mandala.

Die »Spirale der Eile« – ist sie nicht ein Negativ der mitreißenden Dynamik, die jede Spirale enthält, ihrer Spannung, ihrer Sog- und Wirbelwirkung auch?

Diese Spirale reißt immer weiter hinweg von den »kindlichen Uhren«, einem Zeitgefühl wohl, in dem man noch Zeit hatte, langen Atem. Jetzt aber hat stattdessen die Zeit diese Frau; diese »Närrin«, die hier spricht, wird von ihr gefangen gehalten, in Atem gehalten, diese Närrin, mit der Nelly Sachs ein Zwiegespräch, ein Selbstgespräch führt.

Je weiter entfernt von den Uhren der Kindheit, desto näher ist sie dem Wind, der sie erfasst, der sie »gefasst« hält – nicht als Freund

(»Wind, du mein Freund«, schrieb Goethe), sondern als »Räuber der Sehnsucht«, als der doch wohl, über dem man in Bitterkeit resignieren könnte, weil er alles wegbläst, überweht, was einem Leben Halt, Gestalt und Ziele gibt. So ergriffen, gefasst vom Wind der Vergänglichkeit – und der Ewigkeit? – geschieht es ihr, kann sie von sich sagen: »Noch feiert der Tod das Leben in dir.« Nicht das Leben feiert den Tod. Sondern er, der Tod, ist der Festbereiter, wohl sogar der Initiator dieses Festes, das das Leben in ihr feiert. Der Tod ist es, der das Leben antreibt, der ihm aber letztlich auch seine Dynamik verleiht. Ist so die »Spirale der Eile« doch mehr als ein Negativ, vielleicht eine Lebens-Notwendigkeit?

Dieses Gedicht mündet in einen sehr anderen Gedanken, eine sehr andere Stimmung, als sie sonst in der »Spirale der Eile« zu erwarten wären – nicht in Gehetztheit, auch nicht in Zynismus oder Leere, sondern »in Ehrfurcht«. In der »Spirale der Eile«, die letztlich unsere Lebensspirale selber ist, ist die Unruhe so riesenhaft angewachsen, so über sich selbst hinausgewachsen, dass auf einmal ein qualitativer Sprung erfolgt: Sie wird Ehrfurcht gebietend, »meerhaft« nämlich, unendlich.

Und nun erheben sich Stühle und Betten – die Orte, an denen man ausruhte, wo man sich versitzen und verliegen konnte –, sie erheben sich vor Ehrfurcht. Vor wem, möchte man fragen. Das wird uns nicht gesagt in diesem Gedicht. Doch ist es vor einem Größeren, von dem dieser Wind, diese »meerhafte« Unruhe ihren Ausgang nehmen. Vor ihm erheben sich Stühle und Betten. Sie erheben sich wie zum Aufbruch. Hier mündet die Spirale in eine neue Ebene, in eine neue Dimension, in ein Geheimnis ein.

Dieses Gedicht bildet in seiner sprachlichen Gestalt und seiner Dynamik – von dem Wind, der das Ich immer weiter von den »kindlichen Uhren« wegtreibt bis in die »meerhafte« Unruhe und Ehrfurcht vor dem Kommenden hinein – selbst eine Spirale.

Das Mandala – in der Ganzheit sein

Das Mandala als Gestalt

Das Mandala hat insofern teil an den Grundformen, als es sich regelmäßig aus Kreis, Quadrat, Kreuz und oft auch Dreieck zusammensetzt; auch die Spirale kommt immer wieder in ihm vor. Mit seiner geregelten Struktur stellt es selbst eine Grundform dar, wenn auch eine in sich differenzierte. Stellen wir uns einmal ein Mandala vor Augen und fragen uns, warum diese Form eigentlich Mandala heißt. Jedes Mandala ist eine streng zentrierte Gestaltung mit einem eindeutigen Zentrum, das meist innerhalb eines Quadrates liegt wie ein Brunnen in einem Innenhof, das wiederum von einem Kreis wie von einer rund umschließenden Mauer umgeben ist. Umgekehrt kann das Zentrum innerhalb eines Kreises liegen – beispielsweise als Mittelpunkt eines runden Lotosblütenstandes – und von einem Quadrat umgeben sein wie von einem Garten. Gelegentlich ist die Mitte auch das Zentrum eines gleichschenkligen Dreiecks – so in dem Mandala für die Göttin Kali, deren

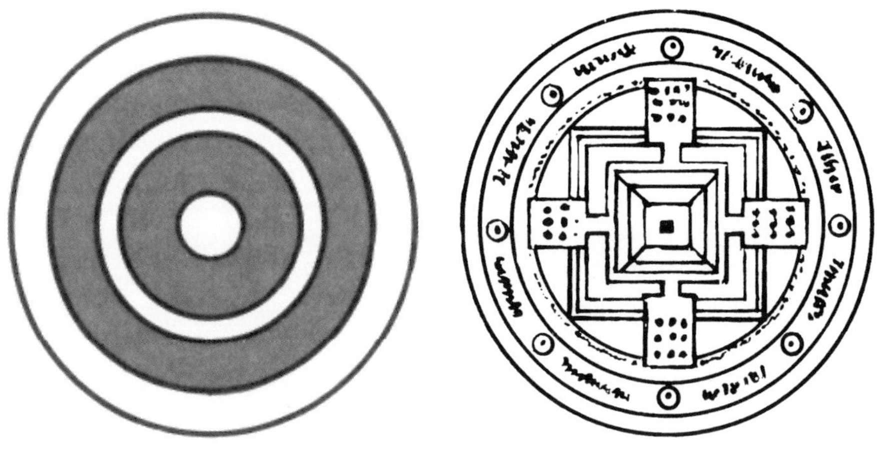

Mandala, zwei Grundformen

Symbol das weibliche Dreieck ist, das mit der Spitze nach unten weist. Die Vereinigung des weiblichen mit dem männlichen Prinzip ist bei den indischen Mandalas oft durch einander durchdringende weibliche und männliche Dreiecke dargestellt, die sich innerhalb eines durch Kreis oder Quadrat umgrenzten und geschützten Raumes begegnen.

Die spannungsreiche Dynamik, die durch das Dreieck, das das Dreiheitsprinzip verkörpert, in das Mandala eingebracht wird, bleibt jedoch immer auf das Innere des Mandalas beschränkt – bildet seine innere Dynamik –, die vom zur Ruhe führenden Vierheitsprinzip des Quadrates umgeben und aufgefangen, wenn nicht gar von der schwebenden Rundung des Kreises umfangen und aufgehoben wird.

Das Vierheitsprinzip ist durch die unabdingbare Anwesenheit des Quadrates in jedem traditionellen Mandala evident und auch dominant: Das Dreiheitsprinzip des Dreiecks wird vom Vierheitsprinzip getragen, das Dreieck ist hier im Viereck enthalten, nicht umgekehrt. Das Vierheitsprinzip ist in vielen klassischen Mandalas auch noch dadurch betont, dass es sich nicht nur in den Vierecken des Quadrates, sondern auch jeweils in der Mitte der vier Seiten in Gestalt von vier Öffnungen, gleichsam von vier Toren zeigt: Das Mandala öffnet sich dann nach den vier Himmelsrichtungen hin, wie eine alte Stadt ihre Tore nach den vier Seiten, nach West und Ost, Süd und Nord hin öffnen mag.

Hier zeigt sich, dass viele überlieferte Mandalas zugleich Grundrisse alter Städte oder gar Modelle einer Weltordnung oder Weltstruktur darstellen. Spätestens angesichts solcher Stadt- und Weltmodelle stellt sich die Frage, was Mandalas eigentlich seien, woher die Bezeichnung »Mandala« stammt.

Das Mandala als Symbol

Das Wort Mandala kommt aus dem indischen Sprach- und Kulturraum und bezeichnet ursprünglich eine mandelähnliche Form, auch den Muttermund der Frau, durch den etwas geboren werden, etwas in Erscheinung treten konnte, wobei der Muttermund sich weitet, zum Rund sich dehnt. So kann das Wort sowohl die mandelförmig ovale wie auch die runde Form beschreiben, beides Formen, in denen in der religiösen Kunst Indiens und Tibets, aber auch Europas die göttlichen Gestalten erscheinen, aus denen heraus sie in Erscheinung treten können. Aus dem Rund heraus erscheint in der bekannten Buchmalerei aus dem Rupertsberger Kodex jene »saphirblaue Menschengestalt«, die Hilde-

Kali-Yantra, Rajastan, 18. Jh.

gard von Bingen inmitten eines Lichtfeuers schaute (siehe Abb. S. 156); aus dem Oval heraus andererseits erscheint Krischna in seiner kosmischen Gestalt. Auch viele Christusgestalten treten wie aus der Mandel, der Mandorla hervor.

Das Zeichen einer Geburt aus dem Muttermund wird hier zum bildnerischen Symbol für die Geburt, für die Offenbarung einer göttlichen Gestalt aus dem ewigen Urgrund heraus, auch aus dem ewigen Urgrund unserer menschlichen Seele. Gestaltete, gemalte Mandalas wiederum wurden in Indien und Tibet zur Meditation über eben jene Gottheiten, die in der Mandorla in Erscheinung traten, eingesetzt, auch über jene psychischen Kraftfelder, die diesen Gottheiten zugeordnet sind und die bei deren Meditation auch im Meditierenden zur Auswirkung kommen.

Tibetisches Yantra

Mandalas werden in Indien und Tibet vor allem jene auf Seide gemalten Tempelmeditationsbilder genannt, deren Grundschema, wie schon gesagt, einen Tempelgrundriss darstellt, genauer: eine äußere Kreisumwallung, die in sich den quadratischen Tempel birgt. Von dessen vier Seiten führen jeweils vier Wege in das Kreisrund des Allerheiligsten, in dessen Mitte dann eine »Große Kostbarkeit« oder eine Gottheit selbst ihren Platz hat. Das ganze Mandala ist auf diese Mitte hin konzentriert, von der alle Bewegung ausgeht und in die es wieder zurückführt. Mandalas sind oft mit Göttern besetzt, aber es gibt auch rein geometrische Meditationschemata, man nennt sie »Yantras«, die vor allem in der persönlichen Meditation eine wichtige Rolle spielen können.

Als Beispiel für das Grundschema eines solchen Yantra möchte ich ein tibetisches Mandala beschreiben: In der Mitte, im Bildgrund findet sich hier wie sehr oft eine Blume. Wir können den Grundriss des Yantra auch wie ein Haus betrachten, einen Platz, zu dem vier Wege führen, die hier aber immer wieder in Blütenblätter übergehen, so dass die innere Blume vom runden Ganzen einer äußeren Blume umschlossen ist. Im Ganzen liegen hier vier konzentrische Kreise vor. Dies ist ein tibetisches Bild, aber das Kreuzsymbol kommt auch in ihm vor, sicher nicht im christlichen Sinne, aber als Strukturprinzip, das auf einer Archetypik der Psyche beruht. Solche Bilder der Mitte, die Weg und Ziel in einem Gebilde zusammenfassen, üben durch die Führung ihrer konzentrischen Kreise auf den Betrachter eine konzentrierende und Mitte bildende Wirkung aus. Sie wirken, wie Jung dies ausdrückt, »wie ein Magnet auf das uneinheitliche und widersprüchliche seelische Material und befördern wohl darum einen rhythmischen Ablauf der seelischen Prozesse, weil die kreisende und viergeteilte Mandalaform dem Strukturprinzip des seelischen Lebens überhaupt entspricht«[4].

Das Mandala in seiner existenziellen und psychologischen Bedeutsamkeit

Wie aber kommt es, dass Mandalas, die doch eine so komplizierte Hintergrunds- und Wirkungsgeschichte haben, in unserer gegenwärtigen Kultur wieder so aktuell geworden sind, dass sich sowohl eine Ausstellung seltener tibetischer Mandalas im Rietberg-Museum in Zürich großen Zuspruchs erfreut wie auch die allenthalben, selbst auf Nordseehalligen heute angebotenen Kurse, etwa unter der Überschrift »Mal dir ein Mandala!«? Wenn es sich um ein bloßes Exotikum aus dem Fernen Osten handeln würde – obgleich der fernöstliche Anhauch heute den Reiz des Mandalas noch erhöht –, könnte ich das Mandala hier nicht unter »Grundformen« vorstellen. Ich kann und möchte das nur, wenn es sich bei dem Mandala wie bei allen anderen Grundformen auch um eine allgemeine Ausdrucksform des Menschen für eine Grundbefindlichkeit seines Lebens handelt. Inwiefern tut es das?

C. G. Jung machte während seiner klinisch-psychiatrischen Tätigkeit die Beobachtung, dass etliche seiner Patienten und Patientinnen nach Phasen großer innerer Unruhe, selbst nach psychotischen Schüben, nach denen sie sich wieder zu orientieren suchten, spontan zur Gestaltung von mandalaähnlichen Strukturzeichnungen und Malereien tendierten. An der Anordnung dieser Bilder, in denen sie ein Ordnungsgefüge von Kreuz, Quadrat, Dreieck, Kreis und Spirale herzustellen suchten, in denen es ihnen vor allem auch auf die Findung und Setzung einer Mitte ankam, begannen sie sich selbst nach der psychotischen Fragmentierung und Desorientierung wiederzufinden. Mit dem Bildgefüge, das sie zu gestalten und zu ordnen versuchten, gestalteten und ordneten sie sich in ersten Ansätzen auch selbst – begannen sie manchmal sogar, ihre irritierte Ich-Selbst-Achse wieder herzustellen.

Jung war fasziniert von diesen spontanen zentrierten Gestaltungen der Patienten und deren wohltuend ordnenden Rückwirkungen auf die Psyche.[1] Bei der Suche nach Vergleichs- und Verstehensmöglichkeiten solcher Bilder im interkulturellen Kontext, wie er sie zu allen bedeutenden Symbolgestaltungen zu betreiben pflegte, bei der Suche nach Parallelen gleichsam, stieß er auf die große Tradition der Mandalas im tibetischen und indischen Kultur- und Religionsraum, die hier auf der Basis hinduistischer, vor allem aber buddhistischer Religion in ihren Ausprägungen in Indien und vor allem in Tibet vorzufinden sind. In der Tat: Hier fanden sich Weltmodelle, Spiegelungen von Tempel- und Stadtgrundrissen, die sich nach den vier Himmelsrichtungen orientierten. Diese Modelle, oft im Zeichen einer bestimmten Gottheit, die manchmal im Zentrum des Mandalas erschien, glichen meist quadratischen Tempelanlagen mit ihren Eingangstoren, ihren Innenanlagen, zu denen oft runde Teiche gehörten, in deren Zentrum sich wiederum Seerosen oder Lotosblüten mit ihren ebenfalls runden Blütenständen befanden. Wie die Mandalas den Makrokosmos widerspiegeln – auch die Tempelanlagen sollen dies tun –, so spiegeln sie zugleich auch den Mikrokosmos der menschlichen Psyche, sie sind Gottesbild und Bild des Selbst zugleich, wie Jung erkennt, als er auch die tibetische Praxis im Umgang mit solchen bereits gestalteten Mandalas erforschte: Ordnet doch der Meditierende in der Betrachtung und inneren Visualisierung des Mandalas – man soll es betrachten, bis man es auswendig kann – auch seine eigene Psyche und versetzt sie in die gleiche Schwingungsfrequenz, die der dargestellten Gottheit entspricht. Diese gilt ja zugleich als Projektion eines innerseelischen Erlebnisfeldes, wird analog zu dem Phänomen verstanden, das Jung »Archetypus« nennt, eine der anthropologischen Konstanten des Erlebens, des Wahrnehmens, des Abbildens und des Verhaltens. Ein Mandala, das die spannungsreichen Grundformen einander zuordnet, sie zusammenbringt und auf eine Mitte hin zentriert, indem es sie mit einer alles umgreifenden Form umgibt, ist keinem Geringeren als dem Archetyp der Ganzheit verpflichtet, ist ein Ausdruck dieser Ganzheit selbst, also des Selbst des Menschen, das dessen kleines Ich bei weitem übersteigt. Auf der überpersönlichen Ebene aber kann das gleiche Bild der Ganzheit auch ein Bild der Gottheit sein. Gewiss ist das Mandala ein Symbol, das vor allem den strukturellen Aspekt des Selbst ausdrückt, sofern es sich aus den geometrischen Grundformen zusammensetzt. Wird es dagegen mit einem Symbol organischen Lebens kombiniert – wie Blume, Baum oder dem Archetyp des »Göttlichen

Kindes« –, so ist auch der dynamische Aspekt, der Prozess der Selbstwerdung angesprochen.[2]

Diesem Phänomen ist C. G. Jung in eindringlichen Studien nachgegangen, er hat dabei den Begriff Mandala neu aufgegriffen und auf alle vergleichbaren Formen angewandt. Auch deshalb hat er sie wie im Osten als »Mandalas« bezeichnet, weil sie immer wieder Gestaltungen ausbilden, in denen ein kostbarer Inhalt im Zentrum geschützt und umschlos-

C.G. Jungs erstes selbstgemaltes Mandalabild, um 1916
Im oberen Kreissegment Symbole des Lichtes, im unteren des Dunkels. Jung vermochte sein Bild damals noch nicht zu deuten.

sen wird, wie der Kern von einer Schale. Für Jung ist dabei unübersehbar, dass in Religionen wie dem Buddhismus und dem Hinduismus tiefer über solche Bilder nachgedacht wurde als im Westen und dass es in deren Wirkungsbereich ungleich viel mehr Beispiele dieser Art gibt als innerhalb der christlichen Tradition. Darum hat Jung die östlichen zum Vergleich mit den christlichen Mandalas herangezogen, auch um feststellen zu können, dass es Strukturen der Seele gäbe, die transkulturell wiederkehren. Die Bezeichnung Mandala ist von Jung also aus dem indischen Kulturkreis übernommen worden, wo sie für solche Bilder schon existierte, und sie hat sich seitdem als religionspsychologischer Begriff in Europa wieder eingebürgert: „Mandala bedeutet Kreis oder Zauberkreis, seine Symbolik umfaßt alle konzentrisch angeordneten Figuren und Kreisläufe um ein Zentrum, rund oder im Quadrat und alle kugelförmigen Anordnungen.«[3] Der Mensch kommt offenbar immer dann auf solche Symbole, wenn es für ihn um das Ganze geht; diesem Ganzen werden dann alle Einzelheiten – auch die sonst im Alltagsleben einander widersprechenden – zugeordnet, so dass Gefühl und Auge davon überzeugt werden, dass es eben doch eine Mitte und ein Zentrum gibt, in dem das Widersprüchliche und Auseinanderstrebende des Lebens zusammenfindet. Von solchen Figurationen geht dementsprechend eine sinnstiftende und versöhnende Wirkung aus.

Gerade solche Menschen, die sich in einer Phase großer innerer Unruhe befinden, fühlen sich erfahrungsgemäß zu solchen Mandalabildern hingezogen, erleben deren wohltuende Wirkung und beginnen manchmal ganz spontan, etwas ähnlich Strukturiertes zu malen. Dies kann dann in der Darstellung viel einfacher sein als die bisher gezeigten Bilder, aber das Muster, das eine Mitte hat, um die herum alles Übrige sich ordnet, kehrt bei ihnen wieder. Gerade seelisch aufgewühlte und auch gestörte Menschen malen in dieser Art; ihre Bilder erweisen sich als Versuche, die innere Ordnung wieder herzustellen. Jung ist aufgrund langjähriger Beobachtung solcher Bilder zu der Überzeugung gelangt, dass solche Mandalaformen auch ohne alle äußeren Vorbilder spontan als Ausdruck einer seelischen Bewegung oder Problematik entstehen können. Sie entsprechen dem nach Einheit strebenden Wesen der Seele, die solche Bilder als Symbole ihrer inneren Gesetzmäßigkeit entstehen lässt.

Erwähnenswert scheint mir, dass Jung seit Beginn seiner Faszination von Mandalas auch selbst beeindruckende Versuche gemacht hat, Mandalas zu gestalten. Sie dienten ihm wie allen, die Mandalas malen, zu der Zeit vor allem dazu, sein seelisches Gleichgewicht wieder zu gewinnen, sich selbst wieder einzupendeln, damals nach der tiefgehenden Erschütterung, die die Trennung von Freud und seine Entdeckung eines kollektiven Unbewussten für ihn bedeuteten. Erweiterten sie doch seine eigenen Erfahrungen mit dieser Realität des kollektiven Unbewussten, als er sich, auch durch Aktive Imagination, deren Strom und Strömung auszusetzen begann.

Das Mandala in der Religion

Vergleichen wir das Gesagte an Mandalas aus zwei unterschiedlichen Kulturen, dem schon genannten Kali-Mandala (siehe Abb. S. 72 und S. 149) und einer Miniatur zu der Schau Hildegards von Bingen aus dem christlichen Kulturbereich (siehe Abb. S. 156).

Das Kali-Mandala zentriert sich – die Mitte ist durch einen goldenen Punkt markiert – um das weibliche Dreieck, das in tiefem Purpur erscheint, der Symbolfarbe des weiblichen Geschlechts, von der warmen Tiefe der körperlichen Geschlechtlichkeit bis zum weiblich-schöpferischen und Gebärprinzp, dessen Kraft und Dynamik in die Tiefe weist. Der Gebärvorgang verlief von oben nach unten, auch das Kind wird mit dem Kopf voraus, kopfüber gleichsam geboren. Das ist die zentrale Erfahrung, die in der Göttin Kali symbolisiert ist, die aber jede Frau – physisch und psychisch-geistig – auch selber macht, wenn sie schwanger wird oder sich seelisch mit ihrem innersten Selbst verbindet.

Umgeben ist diese dreieckige dynamische Zone von der alles umfangenden Ruhe des Kreises, der hier zudem durch den Kranz der acht Blütenblätter als Blüte gekennzeichnet ist, wohl als Lotosblüte, die aus der Tiefe und Mitte des zentralen Teiches – auch der seelischen Tiefe? – aufsteigt. Die Dynamik und Spannung, auch Spannkraft weiblicher Sexualität entspannt und löst sich, blüht auf zu dieser Blume aus der Tiefe, dieser Blume der Göttin, aber auch des umfänglichen weiblichen Selbst!

Dieses Ganze aber wiederum schwebt nicht im Himmel, ist nicht nur eine Idee oder Phantasterei – zu welcher Vorstellung der Kreis, der immer etwas Schwebendes hat, verführen könnte –, sondern ist, wie das alles umgebende Quadrat erweist, auch im irdischen Geviert »geerdet«, wird also auf Erden in Zeit und Raum gelebt. Dies gilt immer, wann und wo das Quadrat erscheint. Freilich erscheint es hier, durch die vier Tore gekennzeichnet, nicht einfach als Feld, sondern zugleich als Tempelbezirk, als Temenos, geschützt, geheiligt. Das Auge verbindet unwillkürlich die vier Tore miteinander und nimmt damit die quaternitäre Kreuzstruktur wahr, die das Bild durchzieht. Es stellt die weiblich sym-

Vom Urquell des Lebens – Die wahre Dreiheit in der wahren Einheit.
Miniatur aus dem Rupertsberger Scivias-Codex, 12. Jh., nach einer Vision Hildegard von Bingens.
Ein christliches Mandala, bei dem das Zentrum, das aus konzentrischen Kreisen besteht, sich über das Rechteck – das »irdische Geviert« – hinaus ausbreitet, ausweitet. Inmitten der Lichtkreise steht – gemäß Hildegards Vision – eine »saphirblaue Menschengestalt«, von ihnen durchstrahlt.

Fresko vom Torbogen von St. Clemente de Taull, um 1225

bolisierte Vierheit mit dem betonten Zentrum als Mitte, als Fünftes, als Quinta essentia dar. Die Frau erfährt, wenn sie das Mandala als Tempel Kalis meditiert, auch ihre eigene Weiblichkeit, ausdrücklich auch in ihrer Sexualität, als einen Tempelraum, in dem sie an ein göttliches Kraftfeld angeschlossen ist.

Die Buchmalerei der Hildegard'schen Vision ist dem gegenüber nur annähernd ein Mandala, da sie in einen rechteckigen, anstatt in den symbolisch stimmigeren quadratischen Rahmen eingepasst ist. Als Buchmalerei erfüllt sie auch eine andere Funktion – den der Textillustration –, als das ausdrückliche Meditationsbild der Kali es tut, in dem der gläubige Hindu sie selbst, Kali, in all ihrer Ausstrahlung als Gegenwart glaubt und erfährt. An der Buchmalerei ist eher dies erstaunlich, dass sie spontan und ohne rituell dazu verpflichtet zu sein, in die Analogie zum Mandalabild geraten ist. Gewiss legt bereits Hildegards Visionstext eine zentrierte Gestaltung nahe, indem da von einem Licht die Rede ist, das eine saphirblaue Menschengestalt gleichsam in sich enthält und in sich trägt, die es ganz durchdringt. Unwillkürlich stellt man sich einen Lichtkreis vor, mit diesem edelsteinklaren Menschen als Mitte. So hat es denn die Gestalterin – vielleicht eine Mitschwester Hildegards aus der Rupertsberger Schreib- und Malschule – auch gemalt. Inmitten eines Lichtkreises steht die Menschengestalt, genauer inmitten zweier solcher Kreise, die konzentrisch ineinander liegen, denn Hildegard spricht von einer rot funkelnden und einer ganz hellen Lichtlohe, die einander und auch die Gestalt durchdringen. Die saphirblaue Gestalt ist ein eher weiblicher Typus. Der Mittelpunkt des Bildes liegt genau im Geschlechtsbereich. Aufrecht stehend bildet sie zugleich die vertikale Mittelachse des Bildes, während die imaginäre Querachse nur vom Auge vollzogen werden kann, vom Mittelpunkt aus nach rechts und nach links, wo der äußere Lichtkreis jeweils auf den äußeren Rahmenrand des Bildes trifft, während er den inneren Rahmenteil einfach überstrahlt. Auch dieses Bild des diaphan gewordenen Menschen, der vom göttlichen Licht durchstrahlt und von den beiden Lichtkreisen umfangen ist, würde als schwebend, vielleicht als wegschwebend und entrückend empfunden werden, wenn es nicht doch noch von dem rechteckigen Rahmen, der sich mit seinen vegetabilen Motiven als »irdisches Geviert« erweist, festgehalten würde. Leicht nur, zart, ruht das volatile Kreisgebilde, das den saphirblau-spirituellen Menschen trägt, auf dem rechteckigen Rahmen auf – und tut es doch. So bleibt auch diese christliche Mandala-Analogie geerdet.

Auch hier handelt es sich nach Hildegards eigener Interpretation um ein Bild Christi im Feuerstrom des Heiligen Geistes und im weißen überhellen Licht des Schöpfervaters, um ein Gottesbild also, in dessen Ausstrahlung die Betrachterin und der Betrachter sich versenken können, unter deren Kraft sie geraten können. Wo der Kreis auftaucht, erscheint auch hier das Ganze, das Umfassende, ja das Göttliche. Zugleich erfährt der betrachtende Mensch – sei er Mann oder Frau – sich selber in seiner Möglichkeit, durchlässig zu werden für das Feuer und das Licht, das sein kleines Ich transzendieren und durchstrahlen kann, seine Möglichkeit, diaphan zu werden für sein größeres Selbst. Zugleich aber ist er in dieser Möglichkeit geerdet, das heißt, es geht um die Realisierung solcher Ganzheitserfahrung im gelebten Leben auf dieser Erde. Dass es hier kein Quadrat ist – das in besonderer Weise die Realisierung des Selbst fördert –, sondern gleichsam »nur« ein Rechteck, lässt sich womöglich so deuten, dass es sogar unter ganz alltäglichen und keineswegs besonders günstigen Bedingungen darum geht, den Bezug zum »Lichtkreis der Ganzheit«, der Beziehung des kleinen Ich zum größeren Selbst aufrecht zu erhalten.

Zum Vergleich möchte ich dieser Buchmalerei eine weitere mandalaförmige Gestaltung aus dem frühen Mittelalter (siehe Abb. S. 157) gegenüberstellen, ein Fresko, das dem Torbogen von St. Clemente de Taull entstammt (um 1225). In der Mitte finden wir das weiße Licht, das ungebrochene Licht, das sich dann in den Farben der Schöpfung bricht. Vor dem dreifachen Farbkreis in Violett, Blau und Rot kommt hier zunächst ein schwarzer Ring. Wir haben also in Wirklichkeit vier konzentrische Kreise mit dem weißen Kreisfeld in der Mitte vor uns. Schon Hildegard von Bingen hat viel über das »Dunkelfeuer« und seinen Sinn in der Schöpfung nachgedacht. Durch die Brechung des reinen Lichtes in Farben geschieht immer eine Verdunklung, die Schöpfung trägt somit ein Stück Dunkelheit in sich. Genau ist sie das »Vierte«, das die Schöpfung erst vollständig macht. Hier ist die Dunkelheit in einen Kreis hineingenommen. Es folgt eine dreifache Auffaltung des weißen Lichtes in konzentrischen Kreisen, da erscheinen die Farben für Vater, Sohn und Geist, wobei die Liebes- und Feuerfarbe Rot den äußeren Kreis erfüllt. Sie strahlt also aus dem ungeschaffenen Licht auf die Menschen aus. Das Ganze wird noch einmal als Zuwendung Gottes zu den Menschen interpretiert durch die Hand in Gold, die aus diesem geheimnisvollen weißen Licht heraus sich dem Menschen entgegenstreckt. Dieses Bild ist, formal betrachtet, nichts anderes als eine Konstruktion konzentrischer Kreise mit dem Handsymbol in der Mitte. Aber wir vermögen es als Gottessymbol zu sehen und zu verstehen. Eine bestimmte bildnerische Struktur trifft mit einer entsprechenden der Psyche zusammen. Ich habe vor diesem Bild zum ersten Mal begriffen, was das theologische Glaubenssymbol der Trinität eigentlich meinen könnte, dass sich nämlich Gott den Menschen in verschiedenen Brechungen des Lichtes, in verschiedenen

Alfred Manessier, Dornenkrone

Modalitäten seines Seins und Handelns zuwendet und es doch immer das gleiche Licht ist, das auf uns zukommt.

Ein Beispiel aus der Kunst der Moderne ist die »Dornenkrone« von Alfred Manessier, die in den ersten Jahren nach dem Zweiten Weltkrieg entstanden ist. Durch die schwarze Struktur im Vordergrund sind zu-

(Bild 14) der Mandala-Serie einer Patientin C.G. Jungs: Das Mandala wird spielerisch in eine moderne Weltstadt mit ihren Hochhäusern integriert. Es erscheint bei Nacht.

(Bild 15) der gleichen Serie lässt das Mandala bei Sonnenaufgang zwischen Hochhäusern und offener Landschaft erscheinen.

nächst einmal die schmerzhaften Erfahrungen ausgedrückt, die der Maler machte. Das Auge kann sich direkt daran weh tun, wenn es dem nachtastet, was all diese Haken und Klammern darstellen. Doch die Kreisform, die einerseits die Dornenkrone realistisch nachzeichnet, andererseits die Symbolik des Runden, Ganzen enthält und in das Bild hineinträgt, fängt sie zentrierend auf. Die Aussage des Bildes intensiviert sich durch den farbigen Bildgrund, der die Formstruktur wie von innen her durchstrahlt, ihm aus der Tiefe der Wirklichkeit heraus ein anderes Licht vermittelt. Man spürt die Strahlkraft der Farben. Manessier lässt also in die Leidensstrukturen von der Farbe her etwas Transzendentes einstrahlen. Nicht weniger ins Transzendente weist aber auch die Formenstruktur, die wirklich eine Dornenkrone andeutet, aber zugleich auch das Ganzheitssymbol, den Kreis, durch den Manessier evident macht, dass Leiden in einem größeren Sinnbezug verstanden werden kann.

Mandalabilder wollen den Einzelnen in den umfassenden Rhythmus des kosmischen Lebens einbeziehen und erleben lassen, dass es eine Mitte gibt, dass man sich nicht verliert und verirrt, sondern immer wieder zu diesem Zentrum kommen kann. Diese Voraussetzungen menschlicher Natur ergeben, dass mit dem Mandalabegriff durchaus nichts Neues in den Bereich der christlichen Bildtheologie und der religiösen Psychologie eingeführt worden ist. Es ist vielmehr damit nur ein bisher nicht gebräuchlicher Sammelbegriff für eine schon längst vorhandene Gestalt gefunden, durch den diese in ihrer Bedeutung noch klarer und tiefer erschlossen und verstanden werden kann. Nachforschungen haben ergeben, dass Mandalaformen zu den ältesten religiösen Symbolen und Ritualen der Menschheit gehören. Die spontane Entstehung dieser Form ist als Ausdruck seelischer Zentrierungsprozesse ebenso in der Gegenwart nachweisbar. Es gab und gibt zahlreiche christliche Mandalas, in denen durch die Mandala-Strukturgitter eine sonst nicht fassbare göttliche Wahrheit und Wirklichkeit oder ein Zustand der Seele auf dem Wege der zeichenhaften Formwerdung aufgefangen und dargestellt werden kann.«[5]

Mandalas in der Therapie

Wenn es sich also im Mandala um eine kulturübergreifende archetypische Form handelt, in der sich das Grundbedürfnis der Seele nach Ganzheit und auch eine Grundbeziehung zum Selbst ausdrücken, wie verhält es sich dann mit dem Mandala-Malen als spontanes Gestalten aus dem Unbewussten? Kommt es womöglich doch nur bei C. G. Jung, und nur bei gestörten Menschen in dessen Therapien vor? Müsste es andererseits spontan und unbeeinflusst zu solcher Mandala-Malerei kommen, damit es authentisch aus dem sogenannten Unbewussten entsprungen erkennbar wäre, oder ist es auch legitim, zu diesem Mandala-Malen anzuregen? Dies sind Fragen, die immer wieder gestellt werden, vor allem dann, wenn es einem zunächst gar nicht in den Sinn käme, spontan ein Mandala zu malen, oder auch – falls man therapeutisch tätig wäre – ein solches bei Patienten zu erwarten. Andererseits fragt mancher Therapeut auch aus Respekt vor dem Unbewussten heraus eher skeptisch nach, ob es denn erlaubt oder gar sinnvoll sei, einen Patienten bewußt zum Malen eines Mandalas anzuspornen. Der arglose und relativ erholte Feriengast auf einer Nordseeinsel wiederum fragt sich, was es wohl bedeuten soll, wenn er auf einem angeklebten Handzettel, der zu einem Wochenende einlädt, liest, »Male dein Mandala!« (so gesehen auf der Nordseeinsel Pellworm).

Gehen wir der Reihe nach an diese Fragen heran. Für Jung selber war es allerdings ein wichtiger Schritt innerhalb jeder Therapie, wenn ein Patient oder eine Patientin anfingen Mandalas zu malen. Bedeutete dies doch, dass diese Patienten Kontakt zu ihrer Ganzheit, Kontakt zu ihrem Selbst aufzunehmen begannen. Zum Mandala-Malen aufgefordert hat Jung meines Wissens allerdings keinen seiner Patienten – ihm wäre das zu seiner Zeit wie eine Manipulation des Unbewussten vorgekommen –, doch wussten seine Patienten natürlich von seinem Interesse an Mandalas und begannen womöglich schon aus diesem Wissen heraus, Mandalas zu malen, um ihren Therapeuten für ihr Material zu interessieren. Immerhin kann auch aus solchen Motiven heraus interessantes Material entstehen, das ein verständnisvoller Analytiker für die Analyse nutzen kann.

Ein früher Therapiefall jedoch, an dem Jung seine eigene Faszination durch frei entstehende Mandalabilder selbst erfuhr und auch dokumentierte, hat noch die Merkmale unverstellter Spontaneität (siehe Abb. S. 164f.). An den ersten Bildern dieser Serie, die seine Patientin, eine Amerikanerin dänischer Herkunft, derzeit im 55. Lebensjahr, von Beginn der Therapie an malte, kann man geradezu die Entstehung eines Mandalabildes aus dem therapeutischen Prozess heraus miterleben. Im ersten Bild dieser Serie kauert eine Frauengestalt, die Patientin meint sich selbst, auf einer Küstenformation aus großen Steinen, die

Auf steinigen Küstenfelsen – Patientinnenbild aus C. G. Jungs Praxis, Malerei einer dänisch-amerikanischen Frau, derzeit 55 Jahre alt.
Auf einem auffallend runden unter den miteinander verbackenen, spitzen und ovalen Küstenfelsen sitzt die Frau mit ihrem sehr schmalen, hohlen Bauchraum – ist das fehlende Rund in den Stein gebannt? – und blickt mit scharfem Profil nach links: ins Unbewusste, in ihre Vergangenheit?

Im dritten ihrer Bilder setzt dieselbe Frau das herausgelöste »Runde« ins Zentrum des Bildes, frei schwebend wie einen Planeten im All, umgürtet es mit einem Band, bestimmt die Mitte und wiegt Rechts und Links gegeneinander auf. Eine erste Ordnung ihres Selbst, eine Orientierung entsteht, wobei die unterhalb auftauchende Schlange mit ihren spiralischen Windungen weitere Dynamik bringen könnte.

teilweise widerständig und spitz sind, und blickt, im Halbprofil dargestellt, sinnend hinaus aufs Meer. Die Blickrichtung geht mehr nach links, was sich raumsymbolisch oft als Blick zurück in die Vergangenheit interpretieren lässt, damit natürlich auch als ein Fragen und Suchen nach innen hin, als Introspektion, die allerdings eine Voraussetzung für die Analyse bildet. Die Farbenskala des Bildes umspielt ein bräunliches Dunkel und Schwarzblau, zu dem auch ein dunkel-schwerer Himmel gehört.

Im zweiten Bild nun fährt aus dem Himmel, offenbar aus einem Gewittergewölk, ein Blitz hernieder, der gerade den besonders großen Stein, auf dem die Malerin sitzt, trifft und diesen stark erschüttert. Er

Links: Ein runder Stein löst sich. Ein Blitz – die erhellende Intervention des Analytikers – fährt in den Gesteins-Komplex und sprengt daraus den runden, im Zentrum aufglühenden Stein frei, auf dem die Gestalterin in ihrem ersten Bild noch festsaß. Aus diesem runden Gebilde entwickelt sich in der Folge der Bilder die Gestalt ihres »Selbst«, das Mandala.

glüht auf in der Mitte und an den Rändern, an denen er aus dem umgebenden Stein wie herausgesprengt wird. Er bleibt noch an seinem bisherigen Ort liegen. Doch wirkt er wie ein abgelöster Komplex aus der Steinlandschaft, in der bisher alles miteinander verbacken und ineinander gelagert war. Als abgesprengter Brocken wirkt er bereits etwas abgerundeter als die übrigen Steine. Jung vermutet in seiner Interpretation, dass eine bestimmte Intervention von ihm, dem Therapeuten, diesen Komplex in der Frau getroffen und gleichsam fokussiert habe. Dadurch entband er gleichsam die im Komplex gebannte Energie. Oft liegt das wahre Selbst eines Menschen unter einem komplexgesteuerten Not-Ich oder falschen Selbst begraben. Es könnte sich auch um den Ich-Komplex dieser Frau handeln. Die therapeutische Begegnung konstelliert die ihr bisher verborgene unbewusste Ich-Selbst-Achse.

Im nächsten Bild hat sich der betreffende Stein gleichsam aus der Küstenlandschaft gelöst und ist in verwandelter und rund gewordener Gestalt zentral ins Bild getreten. Er schwebt gleichsam im unübersichtlichen Raum, noch umwickelt von einem silbernen Band mit unklaren Figurationen. Dennoch scheint sich eine Zentrierung innerhalb dieses schwebenden Körpers herauszubilden. In der Folge entsteht ein Mandala, in dem sich der Formkörper eindeutig zum Kreis rundet, eine Mitte gewinnt und weitere Formen – Kreuz und Quadrat – einbezieht. In der Folge der sehr großen Zahl von Mandala-Bildern, die diese Frau unermüdlich variiert, zeigen sich allmählich auch Wiederholungen und Ermüdungserscheinungen. Es wird ein wenig zur Mode, auch wenn die Bemühung um die mögliche Ganzheit – immer nur eine Annäherung – nie zur Mache werden müßte. Nur scheint es nicht sinnvoll zu sein, sie immer wieder durch Gestaltungen von Mandalabildern anzupeilen. Was gesucht ist – und das dürfte in dieser Therapie auch gelungen sein, wie die sich ändernden Bildmotive erweisen – ist die Realisation des Bezugs zum Selbst auch in der täglichen Lebenspraxis. Schließlich tauchen in den späteren Mandalas dieser Serie die Straßenzüge einer modernen Stadt und weitere Bilder unserer Lebenswelt auf (vgl. die Abbildungen von Bild 14 und 15 der Serie auf S. 161).

Für solche Psychotherapeuten, denen Jungs Entdeckungen etwas bedeuten, ist es kein unerwarteter, aber doch immer wieder ein erregender Moment, wenn ein Patient, eine Patientin im Verlauf der Therapie wirklich spontan ein Mandala zu gestalten vermag, weil sie sich damit seinem Zentrum, seiner inneren Ordnung, seinem Selbst anzunähern beginnen. Der Zentrierungs- und Ausbalancierungsversuch sogar eines jungen Mannes mit spastischen Bewegungsstörungen zeigte sich zum Beispiel in einem noch nicht ganz ausgeglichenen Mandala, das dennoch eine klare Zentrierung aufweist. Nur an den vier Öffnungen nach außen bestanden Gestaltungsschwierigkeiten, da sie symbolisch den Funktionsstörungen seiner vier Extremitäten, der Hände und der Füße entsprachen.

Was sollen wir nun davon halten, das Mandala-Malen als therapeutisches Motiv und Medium in der Behandlung einzusetzen? Sofern uns selber Mandalas etwas bedeuten, mag es kein Fehler sein, gelegentlich gegenüber den Patienten zu erwähnen, dass es Mandalas überhaupt gibt und dass auch das Mandala-Malen eine Möglichkeit wäre, sein Gleichgewicht wieder zu erlangen, gerade auch nach größeren Erschütterungen. Es wird sich schon in der Reaktion des Patienten hierauf zeigen, ob dieser Hinweis auf eine Bereitschaft bei ihm trifft und eine Phantasie bei ihm auslöst, womöglich einen Gestaltungsimpuls. Was darüber hinaus ginge, wäre wahrscheinlich fehl am Platze, weil es den Patienten bedrängte. Etwas anderes dürfte die spielerische Beschäftigung mit Mandalas sein. Selbst das farbige Ausmalen vorgegebener Mandalamuster kann bei Kindern, aber auch bei unruhigen, zu Hyperaktivität oder auch Depressivität neigenden Menschen eine ansprechende Wirkung haben, wie mir Kollegen berichten. Warum also nicht auffordern: »Male dein Mandala!«? Es wird, auch bei spielerischer Absicht, doch allemal ein Spiel mit den Grundformen sein, ein miteinander Auswiegen und Ausbalancieren dieser Formen, ein Zusammenbringen von Kontrasten, wie Kreuz und Dreieck, Spirale und Quadrat sie darstellen – und schließlich doch das Schaffen eines vereinigenden Ganzen, das die Gegensätze nicht aufhebt, sondern sie innerhalb einer größeren Komposition enthält. Wie tief ein jeder gelangt bei diesem Spiel der Grundformen, kann niemand voraussagen. Ob es bei einem rein ästhetischen Darstellen bleibt oder ob tiefere seelisch-geistige Kräfte ins Schwingen kommen und beim Umgang mit den Grundformen und ihrem Zusammenhang auch Sehnsucht und das Gespür für mögliche Ganzheit erwachen? Wenn doch das Unbewusste hier selbst die Regie übernimmt, auch wenn die Übung zunächst bewusst geplant wurde, wenn sich dabei das Selbst von selber ins Spiel bringt, sich konstelliert: da mag aus dem Spiel jederzeit auf einmal heiliger Ernst und heilender Sinn werden. Denn wo auf der Welt wäre der Mensch mehr er selbst, als wenn er Homo ludens, wenn er Spielender ist?

Anmerkungen

Das Quadrat – das Umgrenztsein

1 zitiert in: Herder-Lexikon Symbole, S. 128
2 Martin Heidegger, »Bauen, Wohnen, Denken«, in: Vorträge und Aufsätze, Pfullingen, 1954, 1978^4, S. 144: »Die Sterblichen sind im Geviert, in dem sie wohnen«
3 Herder-Lexikon Symbole, S. 128
4 ebenda
5 ebenda, S. 128
6 W. Bauer, I. Dümotz, S. Golowin, Lexikon der Symbole, Lizenzausgabe für Fourier Verlag GmbH, S. 93
7 ebenda, S. 95
8 Forstner, Die Welt der christlichen Symbole, S. 85
9 Menzel, Christliche Symbolik II, zitiert bei Forstner, Die Welt der christlichen Symbole, S. 85
10 M. Heidegger, vgl. Anm. 2
11 Augustinus, De Quant. animae IX und X, PL 32, 1043, zitiert in Forstner, S. 65
12 zitiert in: Herder-Lexikon Symbole, S. 128
13 zitiert in: I. Riedel, Hundertwasser: Guten Morgen Stadt, Texte und Dias, Gelnhausen und Freiburg 1974
14 ebenda, S. 8
15 ebenda, S. 6
16 ebenda, S. 19
17 C. G. Jung, Psychologische Typen, Grundwerk 1, S. 199ff., S. 212ff.
18 zitiert in: Herder-Lexikon Symbole, S. 128
19 C. G. Jung, Psychologie und Alchemie, Grundwerk Bd. 5, Olten und Freiburg 1984
20 ebenda, S. 133
21 ebenda, S. 152
22 ebenda, S. 203
23 ebenda, S. 203
24 ebenda, S. 203

Das Kreuz – das Ausgespannt-Sein

1 Marie-Louise v. Franz, Zahl und Zeit, Stuttgart 1970. S. 109f.
2 Victor Vasarély: Katalog zur Ausstellung Vasarély, Esslingen 1967, S. 15 (Galerie Hans Meyer): vgl. auch Vasarély, Neuchâtel 1965, S. 57
3 Herder-Lexikon Symbole, S. 141
4 Grundwerk C. G. Jung, Bd. 5, Anm. 133 zu S. 203, S. 248
5 Crux quadrata. Forstner, S. 20
6 G. Heinz-Mohr, Christliches Symbollexikon, S. 164
7 Herder-Lexikon Symbole. S. 141
8 ebenda
9 ebenda
10 Bauer/Dümotz/Golowin, Lexikon der Symbole, S. 27f., S. 42
11 zum Folgenden: Alfons Rosenberg, Kreuzmeditation, München 1976
12 Teilhard de Chardin, Mein Glaube, Olten/Freiberg 1972, zitiert bei Rosenberg, Kreuzmeditation, S. 11
13 ebenda
14 Rosenberg. Kreuzmeditation, S. 14
15 ebenda
16 ebenda
17 ebenda
18 Tabelle der Fehlhaltungen, ebenda, S. 129ff. Ein Schema der Fehlhaltungen des Kreuzes wurde erstmals 1953 entwickelt von Dr. Helmuth Stolze, vgl. Rosenberg a.a.O., Anm. 14
19 ebenda, S. 84
20 ebenda, S. 84
21 Romano Guardini, Von heiligen Zeichen, Würzburg 1959, S. 5
22 Makarios, zitiert bei Rosenberg, Kreuzmeditation, S. 119
23 »Mutterschoß der Ganzmachung« zitiert bei Rosenberg, Kreuzmeditation, S. 119
24 ebenda, S. 122
25 »venushafte Bindekraft«, Rosenberg, Kreuzmeditation, S.32: auch für die Interpretation der Vertikalen und der Horizontalen verdanke ich A. Rosenberg reiche Anregungen
26 Ingrid Riedel, Marc Chagalls Grüner Christus, Olten/ Freiburg 1985

Das Dreieck – das Bezogen-Sein

1 Forstner, Die Welt der christlichen Symbole, Innsbruck/Wien/München, 1959, 1977[3]
2 Pythagoras, zitiert bei Forstner, S. 47f. und S. 49: »Die Drei ist die ungerade Zahl schlechthin, denn sie entsteht aus der unteilbaren Eins und der Zwei … und führt beide in eine höhere Einheit.«
3 Heide Göttner-Abendroth, Die Göttin und ihr Heros, München 1980 passim
4 Die Pythagoräer, zitiert bei Forstner, S. 49 (nach Arist. De coelo. I. 268. A 12 H.)
5 Ingeborg Bachmann, Malina, Frankfurt 1971, S. 235f.

6 C. G. Jung schreibt (in dem Band die »Archetypen und das kollektive Unbewusste Gesammelte Werke 9/1, Seite 120) über die Dogmatisierung der Himmelfahrt Mariens: »Wie die gewaltige Entwicklung der Naturwissenschaft zunächst zu einer vorschnellen Entthronung des Geistes und einer ebenso unüberlegten Vergötterung der Materie führte, so ist es der gleiche wissenschaftliche Erkenntnisdrang, der heute sich anschickt, die ungeheure Kluft, die sich zwischen den beiden Weltanschauungen aufgetan hat, zu überbrücken. Die Psychologie neigt dazu, im Dogma der Assumptio ein Symbol zu erblicken, welches die angedeutete Entwicklung in einem gewissen Sinne vorausnimmt. Sie hält die Beziehungen zur Erde und zur Materie für eine unabdingbare Eigenschaft des Mutterarchetypus. Wenn also eine durch diesen bedingte Gestalt als in den Himmel, d.h. in das Reich des Geistes aufgenommen dargestellt wird, so ist damit eine Vereinigung von Erde und Himmel bzw. von Materie und Geist angedeutet. Die naturwissenschaftliche Erkenntnis wird allerdings den umgekehrten Weg einschlagen: Sie wird in der Materie selbst das Äquivalent des Geistes erkennen, wobei das Bild dieses Geistes als ebenso sehr aller oder wenigstens der meisten bisher bekannten Eigenschaften entledigt erscheinen wird wie der irdische Stoff, der seinen Einzug in den Himmel gehalten hat, hierbei einer spezifischen Eigentümlichkeit entkleidet wurde. Nichtsdestoweniger wird sich eine Vereinigung der getrennten Prinzipien anbahnen.«

Der Kreis – das Umfangen-Sein

1 D. Forstner, Die Welt der christlichen Symbole, S. 62
2 G. Heinz-Mohr, Lexikon der Symbole, S. 164
3 Fritz Riemann, Grundformen der Angst, München 1975, 1977[12], S. 59ff.
4 Alfred Manessier, Passion-Ostern, Dias und Texte von Ingrid Riedel, Freiburg 1974
5 H. Rombach, Leben des Geistes, S. 140

Die Spirale – das Über-sich-hinaus-Sein

1 Hundertwasser-Katalog, New York 1973
2 ebenda
3 J. H. Löffler, Spirale in: J. H. Löffler, SPIR-ALL ÜBER-ALL, Selbstverlag, Hamburg 1983, S. 9
4 Starhawk, The Spiral Dance, San Francisco 1979, S. 82
5 Löffler, Begegnungen durch die Spirale, in J. H. Löffler, SPIR-ALL ÜBERALL, J. H. Löffler-Selbstverlag, Hamburg 1983, S. 140
6 C. G. Jung, Psychologie und Alchemie, Spiraltraum, S. 188
7 ebenda, S. 43
8 C. G. Jung, Das Geheimnis der Goldenen Blüte, Zürich/Stuttgart 1929, S. 12
9 H. Rombach, Strukturontologie, Freiburg/München 1971
10 ebenda, S. 272
11 V. Kast, handschriftliche Aufzeichnung
12 H. Rombach, Strukturontologie, S. 272
13 ebenda, S. 282
14 ebenda, S. 282
15 Nelly Sachs, Fahrt ins Staublose, Frankfurt 1961, S. 357

Das Mandala – in der Ganzheit sein

1 Vgl. seine Studien zum Mandala in »Über Mandala –Symbolik« in GW IX.1, § 375ff. und § 627ff. und »Zur Empirie des Individuationsprozesses, ebenfalls GW IX. Definitionen des Mandalabegriffes, ebenda, S. 37f, 377 und 381f.
2 Vgl. Verena Kast in: Die Dynamik der Symbole. Grundlagen der Jung'schen Psychotherapie, Olten 1990, S. 136, 139 und 140
3 C.G. Jung, Psychologie und Alchemie, S.71
4 Alfons Rosenberg, Christliche Bildmeditation, S. 129
5 ebenda

Häufig benutzte Literatur

W. Bauer, I. Dümotz, S. Golowin, Lexikon der Symbole, Lizenzausgabe für Fourier Verlag, Wiesbaden 1980, 1985[4]

Forstner, Dorothea, Die Welt der christlichen Symbole, Innsbruck, Wien, München 1977

Heinz-Mohr, Gerd, Lexikon der Symbole, Köln 1971, 1976[4]

Herder-Lexikon Symbole, Freiburg, Basel, Wien 1978

Kast, Verena: Die Dynamik der Symbole. Grundlagen der Jung'schen Psychotherapie, Olten 1990

Jung, Carl Gustav, Psychologie und Alchemie, neu herausgegeben in Grundwerk C. G. Jung, Band 5, Olten 1984; ferner: GW IX.1

Riedel, Ingrid: Farben in Religion, Kunst und Psychotherapie. Erweiterte Neuausgabe, Stuttgart 2000

Riedel, Ingrid: Bilder in Therapie, Kunst und Religion, Stuttgart 1988

Rombach, Heinrich, Leben des Geistes. Ein Buch der Bilder zur Fundamentalgeschichte der Menschheit, Freiburg 1977

Rombach, Heinrich, Strukturontologie, Freiburg, München 1971

Rosenberg, Alfons, Kreuzmeditation, München 1976

Rosenberg, Alfons, Christliche Bildmeditation, München 1975

Bildnachweis

S. 14, 77, 80, 84, 100, 101, 113, 116, 137, 164f. Archiv Riedel
S. 23 Piet Mondrian, New York City I.1942 und S. 26 Piet Mondrian, Komposition mit rot, blau und gelb.
© Mondrian/Holtzman Trust/ c/o Beeldrecht, Amsterdam/Holland/ VG Bild-Kunst Bonn, 2001
S. 24, 120, 142, 150 aus: Alfons Rosenberg, Christliche Bildmeditation, Kösel-Verlag München, 1975
S. 30, 70, 71 aus: C.G. Jung, Psychologie und Alchemie, Walter Verlag Olten und Freiburg im Br., 1975
S. 37 Victor Vasarély, Quasar-Paal 2.
S. 65 Lyonel Feininger, Gaberndorf, 1921.
S. 81 Lyonel Feininger, Promenade, 1912.
S. 104. Alfred Manessier, Wächter am Grab.
S. 105 Alfred Manessier, Ostern, 1948.
S. 160 Alfred Manessier, Dornenkrone.
© VG Bild-Kunst Bonn, 2001
S. 42, 56 aus: Alfons Rosenberg, Kreuzmeditation. Die Meditation des ganzen Menschen, Kösel-Verlag, München 1976
S. 44 Antoni Tapies, Grund-Form (Detail), 1985.
© Fondation Antoni Tapies Barcelona/VG Bild-Kunst Bonn, 2001
S. 61 Zur Verfügung gestellt vom C. G. Jung Institut- Zürich
S. 69 The Dinner Party, © Judy Chicago, 1979, mixed media, 48' x 42' x 3'.
Foto: © Donald Woodman
S. 88, 136 Archiv Kreuz Verlag
S. 96 Kathedrale von Chartres, Mitte der Nordrose. Foto: Frank Teichmann
S. 121 433 Friedensreich Hundertwasser, Das Ich weiß es noch nicht, 1960.
© 2001 Joram Harel, Wien
S. 153 C.G. Jungs erstes Mandala »Systema mundi totius«.
© Erbengemeinschaft C.G. Jung

Leider konnten nicht in allen Fällen die Bildquellen bzw. die Rechteinhaber ermittelt werden. Das obige Verzeichnis ist also nicht lückenlos. Für Hinweise sind wir dankbar.

Die Deutsche Bibliothek – CIP-Einheitsaufnahme
Ein Titeldatensatz für diese Publikation ist bei
Der Deutschen Bibliothek erhältlich

Vollständig überarbeitete, neu gestaltete und erweiterte Ausgabe des erstmals 1985
erschienenen Titels

1 2 3 4 5 06 05 04 03 02

Ein Unternehmen der Verlagsgruppe Dornier
Postfach 80 06 69, 70506 Stuttgart, Tel. 0711-78 80 30
Sie erreichen uns rund um die Uhr unter www.kreuzverlag.de
Umschlaggestaltung: Atelier Jürgen Reichert, Stuttgart
Umschlagbild: Kali-Yantra
Satz: Rund ums Buch – Rudi Kern, Kirchheim/Teck
Druck und Bindung: Eurolitho, Milano
Die Schreibweise entspricht den Regeln der neuen Rechtschreibung.
ISBN 3 7831 2070 5